The KOMPASS guide in English is printed on the back of the map.

KOMPASS - GUIDA ESCURSIONISTICA

La carta turistica KOMPASS 1 : 50.000, foglio n. 102, «Lago di Garda-Monte Baldo», comprende la parte orientale delle Prealpi lombarde, posta tra il Lago d'Idro ed il Lago di Garda, una parte delle Alpi di Ledro, il Lago di Garda, la catena del Monte Baldo, parte della Valle dell'Adige e, sul bordo destro inferiore, le propaggini occidentali dei Monti Lessini. Sotto il profilo politico, la zona rappresentata dalla carta fa parte di tre province: 1) la riva occidentale del Lago di Garda da Limone in giù, fino alla penisola di Sirmione compresa, appartiene alla Provincia di Brescia (Lombardia); 2) la riva orientale da Malcesine in giù alla Provincia di Verona (Veneto); 3) la parte settentrionale del Lago di Garda, la zona del Lago di Ledro, il Monte Baldo a nord della Bocca di Navene e la Val d'Adige fino ad Avio alla Provincia di Trento (Trentino-Alto Adige). Il Lago di Garda, a nord stretto e angusto con ripide e nude pareti rocciose, allungandosi verso sud addolcisce la sua morfologia, si circonda di colline moreniche con declivi e si allarga con dolci golfi. La sua conformazione è stata causata dall'erosione di un ramo laterale del vastissimo ghiacciaio che, nel quaternario, occupava la Valle dell'Adige e che lasciò, su ambedue le rive, i depositi morenici da Salò fino alla Punta San Vigilio. Vi si possono trovare rocce porfiriche e granitiche qui portate dall'alta Valle dell'Adige. Le cime calcareo-dolomitiche delle Alpi bresciane, poste tra il Lago d'Idro e quello di Garda, che culminano nel Monte Caplone, 1976 m, formano un sistema montuoso assai complicato. Il Baldo invece, la cui vetta più alta è la cima Valdritta 2218m, ha una cresta lineare molto pronunciata. Questo massiccio, che in superficie è formato da rocce giurassiche, mentre sotto è di rocce dolomitiche e triassiche, talvolta affioranti, precipita verso ovest con pareti ripide e prive di vegetazione. Ad est ha pendici più dolci e limitati altipiani, circoscritti da una cresta secondaria più bassa, che a sua volta piomba sulla Valle dell'Adige. Il Baldo è ricco di diversi tipi di marmi; spesso in questa zona si registrano leggeri movimenti sismici. Il Lago di Garda, lungo 51,6 Km, largo dai 3 ai 17,5 Km, con una profondità massima di 346 m e una superficie di 370 Kmq, è il più grande dei laghi italiani e, sua dote essenziale, il più azzurro. L'affluente più importante è il fiume Sarca, che ha origini nel gruppo della Presanella e che si immette tra Riva e Torbole. Unico emissario è il Mincio che esce dal Lago a Peschiera. Unica isola abitata è quella di Garda; altri isolotti o scogli emergono dalle acque del Benaco. Il Lago d'Idro ha una lunghezza di 10 Km, una larghezza fra 1 e 2 Km, una profondità che tocca i 122 m e una superficie di 11 Kmq; è formato dal torrente Chiese che nasce dall'Adamello. Il torrente Ponale forma il Lago di Ledro con una superficie di 2,1 Kmq, molto conosciuto per le costruzioni palafitticole dell'età del bronzo, scoperte sulle sue rive. Fenomeni particolari, che debbono essere conosciuti da chi pratica gli sport acquatici sul Garda, sono i diversi venti che possono sorgere improvvisamente e trasformarsi in burrasche pericolose con forte moto ondoso. I principali sono l'«Ora» che soffia, dalle 10 del mattino, da sud-est a nord-ovest; il «Sovèr» che soffia, dalle 10 del mattino, da sud-est a nord-ovest; l'«Ander», vento abbastanza forte di sud-ovest; la «Vinessa», vento freddo e spesso umido, da sud-est. Improvvise oscillazioni della superficie dell'acqua, simili a maree, sono le «Sesse», mentre viene chiamato «Corrif» una forte corrente sotto la superficie che si manifesta soprattutto nella parte meridionale.

Flora e Fauna

Poiché la massa d'acqua del Lago di Garda accumula calore, le sue rive si distinguono per un clima particolarmente mite; la temperatura media annuale di Salò è di 13,3°, quella di Riva 12,6°. Queste condizioni climatiche così favorevoli permettono l'esistenza, sulle sponde del Lago, di una opulenta vegetazione mediterranea. Allignano qui cipressi, lecci, cedri, lauri, magnolie, agavi, oleandri e rosmarino, e si coltivano con ottimi risultati vigne, olivi e limoni. Flora alpina e flora mediterranea si incontrano sul Monte Baldo che è stato detto «Orto d'Italia» e che già nel XVI secolo era esplorato, a scopo di studio dai botanici. Poiché questa montagna fu esclusa nell'ultima glaciazione, qui, come al Passo di Tremalzo, si sono conservate alcune piante endemiche. Per il resto sul Baldo si trovano querce, castagni, betulle, faggi, aghifoglie e fioriscono varie specie di orchidee, gigli, rododendri, ranuncoli e genziane. Molto pescoso è soprattutto il Garda che può vantare oltre venti specie di pesci, dalla trota al luccio, alla tinca, al persico, all'anguilla, al barbo, al carpione. La fauna montana è uguale a quella di altre altitudini di condizioni simili.

I Biotopi

È sempre più avvertita la necessità di estendere la tutela, sotto cui sono i Parchi provinciali e nazionali, a ogni zona del territorio dove specie vegetali e animali continuano a trovare le condizioni per conservarsi, malgrado l'avanzata dell'inquinamento e del deturpamento dell'ambiente. Con questo spirito la Provincia Autonoma di Trento (così come quella di Bolzano), con Legge Provinciale n. 14 del 1986, ha definito delle aree naturalistiche, dette Biotopi, che presentano queste importanti caratteristiche. Così il Servizio Parchi e Foreste Demaniali si occupa da alcuni anni di proteggere e studiare anche quelle zone umide presenti in provincia, laddove è possibile apprezzare delle significative presenze naturalistiche, quali piante acquatiche, insetti, uccelli e animali rari. Allo scopo di evitare possibili alterazioni, per ognuno dei 68 Biotopi provinciali sono previsti specifici vincoli di tutela. La maggior parte dei Biotopi si configura come zone umide, perlopiù originate da laghi impaludati, da anse morte di fiumi o da conche dovute a erosione carsica e in cui l'acqua stagnante ha dato vita ad una flora estremamente ricca e varia e dove i resti indecomposti dei vegetali acquatici, sedimentando, hanno formato spessi strati di torba. I Biotopi quindi si trovano generalmente presso laghi e sono la naturale risultante dei cambiamenti intervenuti nelle acque di superficie e che hanno portato nel tempo al prosciugamento totale o parziale dei bacini lacustri o variazioni dei corsi dei torrenti o della portata di questi. Questo interessante lavoro di definizione e tutela è tuttora in corso e ha finora portato alla protezione e valorizzazione di dette zone umide, regolarmente descritte in catasti provinciali e pubblicizzate tramite eleganti pieghevoli, curati direttamente dal Servizio Parchi e Foreste Demaniali della Provincia Autonoma di Trento. In essi si illustrano con cura le interessanti caratteristiche del Biotopo, la sua storia, l'ubicazione, i limiti territoriali e gli opportuni suggerimenti per apprezzare e rispettare l'ambiente. I limiti territoriali e gli opportuni suggerimenti per apprezzare e rispettare l'ambiente. Il comportamento del visitatore, infatti, è fondamentale per il buon esito dei propositi naturalistici che hanno dato vita a questa iniziativa. Le norme sancite dall'Ufficio Parchi ed espresse nei dépliant sono le seguenti:

- mentre si visita il Biotopo, non uscire dalle strade e dai sentieri: si rischia di spaventare gli animali e danneggiare le piante.

- entrare nel Biotopo solo a piedi: è il miglior modo per conoscerli;
- non fare schiamazzi e non girare con radio e mangianastri accesi; oltre agli animali, si dà fastidio anche agli altri visitatori;
- non abbandonare niente per terra; le cartacce e i rifiuti deturpano l'ambiente, mentre i mozziconi di sigarette sono i maggiori responsabili degli incendi.
- non raccogliere fiori o piante e non disturbare gli animali: all'interno del Biotopo sono strettamente protetti;
- portare con sé dei manuali sulle piante e sugli animali; grazie a essi potrai riconoscere molte delle cose che vedi;
- non dimenticarsi il binocolo, la lente di ingrandimento e la macchina fotografica, che permettono di conoscere meglio il mondo del Biotopo e rivedere anche a casa le proprie «scoperte».

Storia

Le sponde del Lago di Garda sono assai fittamente popolate, soprattutto nella parte meridionale. Sulla montagna si trovano invece villaggi sparsi, sia ad est che ad ovest del lago, mentre le località della Valle dell'Adige, segnate sulla carta, hanno poca importanza turistica, anche se anticamente godettero di importanza strategica per la loro posizione sovrastante la «Chiusa di Verona». Esse furono teatro di avvenimenti storici durante le invasioni barbariche fino a Napoleone e al secolo scorso. La storia svoltasi attorno al Garda ebbe molteplici aspetti.
Già in epoche preistoriche si trovarono in questi luoghi insediamenti palafitticoli, di cui, sul Lago di Ledro e nell'anfiteatro morenico a sud, sono venuti alla luce importanti resti. Dopo essere stati sede di tribù liguri e forse anche venete, furono occupati dagli Etruschi, scacciati nel IV secolo a.C. dai Galli. Seguirono i Romani della cui presenza testimoniano ancora molti reperti archeologici. Si dice che anche il nome originale del lago, «Benacus», risalga ad una città omonima che si vuole situata ove adesso sorge l'odierna Toscolano e che sarebbe stata distrutta da una tremenda alluvione. Ai Romani fecerero seguito i Longobardi e i Franchi che rafforzarono la potenza dei vescovi veronesi, mentre più tardi Brescia, crescendo d'importanza, estese la sua potestà fino alla riva gardesana. Nel medioevo, le località rivierasche godettero di privilegi e di diritti

Lago di Ledro: reperti palafitticoli / Ledrosee: Fundstücke und Reste von Pfahlbauten

di autogoverno, sempre però contestati, col passare degli anni e secondo le vicende della storia, dai conti d'Arco, dai Lodron, dagli Scaligeri, dai Visconti. Nel Quattrocento vennero a battaglia, per il possesso di quelle terre, i Visconti e i Veneziani, e la «Serenissima» riuscì ad impossessarsi di una gran parte del lago che tenne fino al 1797. Dopo la caduta di Napoleone questa regione passò all'Austria e durante le guerre di Indipendenza italiana, fu più volte t eatro di gesta belliche; nel 1859 ebbero luogo le battaglie di San Martino e di Solferino con la sconfitta degli Austriaci; nel 1866 le «camicie rosse» di Garibaldi, vennero alla Lombardia, giunsero fino al Lago di Ledro, attraverso la valle di Chiese e la Val d'Ampola. Nella prima guerra mondiale vi furono aspre battaglie di posizione, specialmente nella parte nord-orientale del Monte Baldo, finché nel 1918, con la caduta dell'Impero austriaco, tutta la zona fu annessa all'Italia. Dopo l'8 settembre 1943, la «Repubblica Sociale Italiana» di Mussolini ebbe in queste località la sua sede, tanto che passò alla storia come «Repubblica di Salò».

Turismo

Già i Romani furono attratti dal Lago di Garda, e i resti di grandiose ville romane, venuti alla luce, testimoniano la loro predilezione per questa zona. In secoli posteriori furono imitati dalle famiglie di nobili veronesi e mantovani che sulle rive del Garda eressero magnifici palazzi. Il «Benaco» acquistò inoltre grande notorietà nel Nord dell'Europa, per la descrizione che ne fece Goethe nel suo volume «Viaggio in Italia». A lui, primo turista nel senso moderno, seguirono anno per anno migliaia di forestieri, di stranieri, in prevalenza provenienti dall'Europa centrale e settentrionale. La congiunzione fra il Garda degli anni venti e le moderne possibilità di turismo realizzate in seguito, potè avvenire con l'apertura delle due panoramiche strade rivierasche, la Gardesana orientale e la Gardesana occidentale, rese agibili rispettivamente nel 1929 e nel 1932. Con esse si può compiere il giro del lago, con uno splendido colpo d'occhio. Furono così sostituite le vecchie linee di comunicazione, lente e malagevoli, che si svolgevano o per via navale o per malconce mulattiere, attraverso le montagne. Il turismo scoprì dapprima la riva occidentale del Garda, su cui, a tutt'oggi, si susseguono eleganti alberghi immersi in verdi parchi. Carattere più campestre e rustico è conservato invece sulla sponda orientale, caratterizzata dai castelli scaligeri, da chiese romaniche e pittoreschi villaggi di pescatori. Ancora da scoprire e lontana dal turismo di massa è la riva meridionale, fatta eccezione per Sirmione.
Da qualche anno il Passo di Tremalzo, a sud del Lago di Ledro, e il Monte Baldo sono stati lanciati con saggia mentalità turistica, come zone molto adatte per passeggiate ed escursioni d'estate e per gli sport della neve nell'inverno. Il Baldo che è difficilmente accessibile dalla parte occidentale, ha superato questa difficoltà con la costruzione di una funivia che da Malcesine porta alla cresta. Tutte le località rivierasche offrono la possibilità di praticare gli sport nautici. Il Lago di Garda dispone inoltre di linee di comunicazione servite da battelli che collegano tutte le località rivierasche e da aliscafi che svolgono un trasporto celere, toccando solamente le borgate più importanti. Inoltre, fra Maderno a ovest e Torri del Benaco a est, esiste un servizio di traghetto per autovetture. Durante la stagione turistica rivivono per il forestiero antiche usanze e tradizioni. Nei centri più frequentati sono organizzati concerti, serate teatrali, mostre d'arte, sfilate di moda, mostre cinofile ecc. Una festa popolare dalle antiche origini si tiene tuttora a carnevale con sfilata di maschere e carri allegorici nel villaggio alpino di Bagolino, a ovest del Lago d'Idro.

Elenco rifugi ed alberghi alpini

Non ci assumiamo responsabilità alcuna per le indicazioni fornite. Prima di iniziare le escursioni si consiglia di informarsi a valle sul periodo di apertura dei rifugi e sulla possibilità di pernottamento. Troverete i numeri telefonici dei rifugi più importanti a pag. 39.

Monte Baldo

Altissimo Rifugio (Damiano Chiesa), 2078 m (D 2), CAI-SAT, Sezione di Mori, CAP: 38060 Brentonico. Accessi: da Nago, ore 5 (medio), per un buon tratto carrozzabile per piccole macchine; da Brentonico (S. Giacomo), ore 2.30 (facile). Traversate: al Rif. Telegrafo per sentiero lungo la cresta del Monte Baldo, ore 5 (medio); al Rifugio Monte Baldo, ore 2.30 (facile); al Rifugio Cedron, ore 3.30 (facile).

Baita dei Forti Ristorante, 1800 m (D 3), CAP: 37018 Malcesine. Accesso: da Malcesine con funivia. Traversate: al Rif. Telegrafo, 2147 m, seguendo il sentiero in cresta, ore 3; al Rif. Altissimo, passando il Passo Canaletta, ore 3.

Bocca di Navene Locanda, 1430 m (D 2/3), privato, CAP: 37018 Malcesine. Aperta d'estate. Accesso: da Brentonico (S. Valentino), ore 1.15 (facile), anche in macchina. Traversate: al Rif. Altissimo, ore 1.15 (facile); al Rif. Telegrafo, ore 4 (medio).

Cedron Rifugio, 1305 m (D 4), privato, CAP: 37020 Ferrara di Monte Baldo. Aperto in estate. Accessi: da Caprino Veronese (Km 23) o da Ferrara di Monte Baldo (Km 9) con la macchina per la strada «Generale Graziani». Traversate: al Rif. Monte Baldo, ore 1.30 (facile); al Rif. Telegrafo, ore 2.30 (medio); al Rif. Altissimo, ore 4 (per gran parte anche in macchina).

Chierego Rifugio, 1911 m (C 5), CAI Sezione di Verona, CAP: 37010 Brenzone. Aperto da giugno fino a ottobre. Accesso: da Prada (vedi S. Zeno di Montagna) con telecabina e seggiovia alla Costabella e da li al rifugio, ore 0.30 (facile). Traversata: al Rif. Telegrafo, ore 2 (medio).

Fos-ce Rifugio, 1430 m, (D 2/3), proprietà del Comune di Brentonico, CAP: 38060 Brentonico. Accesso: da Brentonico con carrozzabile (km 2,5).

Graziani Albergo-Ristorante, 1650 m (D 2), privato, CAP: 38060 Brentonico. Aperto dal 1° maggio al 30 novembre. Accessi e traversate: vedi Rif. Altissimo.

Kira Ristoro, 1300 m (D 3), privato, CAP: 37018 Malcesine. Accessi e traversate: vedi Baita dei Forti.

Monte Baldo Rifugio, 1100 m (D 3), privato, CAP: 38010 Avio. Aperto da metà giugno a fine settembre. Accesso: da Avio in macchina (Km 21). Traversate: al Rifugio Cedron, ore 1.30 (facile); al Rifugio Telegrafo, ore 3.30 (medio); al Rifugio Altissimo, ore 4 (facile, in gran parte su strada carrozzabile).

Novezza Rifugio, 1390 m, (D 4), privato, CAP: 37020 Ferrara di Monte Baldo. Aperto in estate. Accesso da Ferrara di Monte Baldo con carrozzabile fino all'albergo (km 5).

Novezzina Rifugio, 1255 m (D 4), di proprietà del Comune di Ferrara di Monte Baldo, CAP: 37020 Ferrara di Monte Baldo. Aperto da metà giugno a fine settembre. Accesso: da Caprino Veronese (Km 19) o da Ferrara di Monte Baldo (Km 5) con la macchina per la strada «Generale Graziani». Traversate: al Rifugio Telegrafo, ore 3 (medio); al Rif. Cedron, ore 1 (facile); al Rif. Monte Baldo, ore 2.30 (facile).

Telegrafo Rifugio (Giovanni Pona), 2147 m (D 4), CAI Sezione di Verona, CAP: 37010 Brenzone. Aperto da giugno a fine ottobre. Accessi: da Prada con seggiovia alla Costabella e da lì al rifugio, ore 2.30 (medio); dal Rifugio Novezzina, che si raggiunge in macchina, ore 3 (medio). Traversate: al Rifugio Chierego, ore 2 (medio); alla Locanda Bocca di Navene, ore 4 (medio); al Rifugio Altissimo, ore 5 (medio).

Alpi di Ledro

Ampola Locanda, 730 m (B 1), privato, CAP: 38060 Tiarno di Sopra. Aperta tutto l'anno. Accesso: in macchina per la strada Riva-Storo (Km 24 da Riva).

Garda Rifugio, 1582 m (B 1), CAP: 38060 Tiarno di Sopra. Aperto da giugno a settembre e durante la stagione invernale. Accesso: in macchina per la strada che sale dalla Val d'Ampola (Km 11).

Gruppo Caplone-Pizzocolo

Cavallino Rifugio, 1091 m (A 4), privato, CAP: 25070 Capovalle. Aperto in estate. Accesso: con la strada che da Gargnano o da Idro, passando per Capovalle, porta al Passo del Cavallino della Fobbia.

Cima Rest Rifugio, 1200 m (B 3), privato, CAP: 25080 Magasa. Aperto tutto l'anno. Accesso: da Magasa, ore 1 (facile).

Spino Rifugio (Giorgio Pirlo), 1165 m (A 5), CAI Sezione di Salò, CAP: 25088 Toscolano Maderno. Aperto tutto l'anno nei giorni festivi. Accessi: da Gardone Riviera in macchina fino alla località Verghere in Val di Sur, da lì a piedi al rifugio, ore 1.15 (facile); da Toscolano-Maderno in macchina fino a Sant'Urbano, da lì a piedi al rifugio, ore 2 (facile). Traversata: al Rif. Cavallino, attraverso il Passo della Fobbiola, ore 4 (facile).

Il Castello Scaligero di Malcesine al tramonto / Sonnenuntergang auf Castello Scaligero in Malcesine

Confini Amministrativi 1: 500.000

Regione Trentino Alto Adige

Prov. Trento

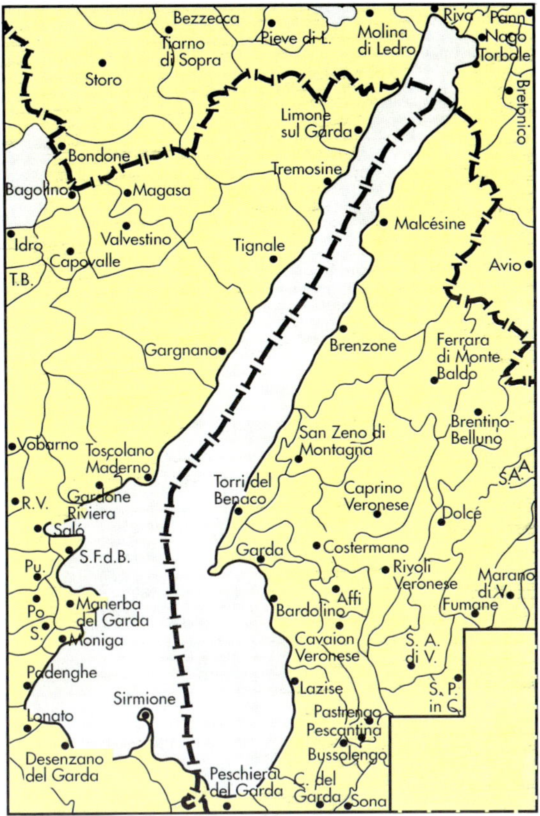

Confini di provincia • Capoluoghi di comune

Confini di comune

Abbreviazioni:

Provincia di Trento

Pann.	Pannone

Provincia di Verona

S.A. di V.	S. Ambrogio di Valpolicella
S.A.A.	Sant'Anna d'Alfaedo
S.P. in C.	San Pietro in Cariano

Provincia di Brescia

Po.	Polpenazze del Garda
Pu.	Puegnago sul Garda
R.V.	Roè Volciano
S.	Soiano del Lago
S.F.d.B.	San Felice del Benaco
T.B.	Treviso Bresciano

Descrizione delle località:

Troverete i numeri di telefono delle As

BARDOLINO

Comune (B-C 7), Prov. di Verona, abitanti: 5. ... altezza s.l.m.: 65 m, CAP: I-37011. **Informazioni**: Azienda di Promozione Turistica, Bardolino. **Stazione ferroviaria**: Peschiera (Km 14.5). **Collegamento autobus**: con Peschiera, Verona, Riva.

Sulla riva orientale del Lago di Garda, dove le scoscese pendici del Monte Baldo lasciano posto al paesaggio morenico più dolce, si adagia Bardolino, conosciuto anche per il vino rosso leggero e vivace che prende il nome. Il primiero insediamento preistorico, evolvendosi durante il periodo romano, si trasformò in località fiorente. Nel medioevo, regnando i signori veronesi Scaligeri, vi si innalzò un castello di cui rimangono ancora due porte e un muro merlato.

Curiosità del luogo e dintorni
La **piccola chiesa di San Zeno**, lungo la strada statale, risale al IX secolo ed è considerato uno dei più significativi monumenti carolingi in Italia. All'interno le colonne sono a capitelli corinzi. La romanica **chiesa di San Severo**, già ricordata nell'893, più tardi rifatta e restaurata. Dietro l'altar maggiore si trova la cripta del X secolo e affreschi del XII e XIII secolo ornano le pareti. La **pieve di S. Maria** a Cisano, costruita nell'VIII secolo ed ora in parte rinnovata. Della costruzione primitiva abbiamo ancora la facciata in grezzo con portale semplice, sormontato da un protiro pensile (affresco del '500), le finestre romaniche, il campanile massiccio e l'abisde semicircolare. Il **Museo dell'Olio**, presso Cisano, con annesso punto vendita e degustazione dei prodotti.

Passeggiate ed escursioni
All'Eremo dei Camaldolesi che si innalza a quota 309 sulla roccia sovrastante il Golfo di Garda e da cui si gode un grandioso panorama. La passeggiata fino all'eremo, che tocca le chiese di San Colombano e di San Vito, è molto comoda e con scorci suggestivi, ore 1. A Cavaion Veronese, posto ai piedi del Monte San Michele (Km 5) e da lì al piccolo abitato di Incaffi con la Villa Fracastoro, ore 1.30. Incaffi è una frazione di Affi, borgata rurale posta ai piedi del Monte Moscal, nelle cui vicinanze si trova l'uscita dell'autostrada del Brennero per il basso Garda.

BRENZONE

Comune (C 4), Prov. di Verona, abitanti: 2395, altezza s.l.m.: 65/2199 m, CAP: I-37010. **Informazioni**: Azienda di Promozione Turistica, Brenzone. **Stazione ferroviaria**: Peschiera (Km 38). **Collegamento autobus**: con Peschiera, Verona, Riva.

Per circa dieci chilometri, sulla riva orientale del Lago di Garda e tra secolari oliveti si susseguono, collegate da suggestivi sentieri medievali, le sedici frazioni che formano il Comune di Brenzone. Tra queste: Assenza, Porto, Magugnano (sede del Municipio), Castello, Marniga, Castelletto. Sebbene tutte siano nella possibilità di offrire un gradevole soggiorno, Castelletto è senza dubbio la località turistica più importante del comune, immerso negli ampi oliveti che inargentano le pendici del Monte Baldo. Nel Comune, dotato di eleganti alberghi e campeggi in riva al lago, funzionano due circoli velici, che consentono di praticare lo sport della vela, particolarmente favorito in questa zona dalla regolarità dei venti.

«Scorci sulla Gardesana occidentale /Herliche Ausbliche bietet die ,,Gardesana occidentale''

Curiosità del luogo e dintorni

A Biaza, l'antica **chiesetta di Sant'Antonio** e le rovine di un **castello** che fu già dei conti di Brenzone. La **chiesa romanica di San Zeno**, della prima metà del XII secolo, nel cimitero di Castelletto; possiede un caratteristico campanile, incorporato nella facciata, una nicchia affrescata sopra il portale principale e nell'interno affreschi del '400. Di fronte ad Assenza affiora l'**Isolotto di Trimelone**, una delle quattro piccole isole del Garda, con i **resti di un forte scaligero**. Nel X secolo furono erette qui delle fortificazioni in difesa delle invasioni degli Ungari; Barbarossa le distrusse nell'1158. A Cassone, nel **parco della Villa Rizzardi**, nasce il «**Ri**», che dopo pochi metri di percorso si getta nel lago; è considerato una curiosità, essendo **il più breve corso d'acqua d'Italia.**

Passeggiate ed escursioni

A Sommavilla, 146 m, sopra Assenza (min. 15) e da lì, in direzione sud lungo una strada fra oliveti e con veduta sul Garda, a Magugnano, ore 1.15. A Biaza con i ruderi dell'antico castello, da Castelletto, min. 15. A Prada, 1000 m, centro turistico di rilancio, situato sulle pendici occidentali del Monte Baldo, in un alternarsi di conche e spianate: da Castelletto per sentiero, passando per Fazor e Le Ca, ore 3 (facile). Da Prada Alta una seggiovia porta a Ortigaretta, 1550 m, ed alla Costabella, 1850 m, da dove, in una mezz'ora a piedi si può raggiungere il Rifugio Chierego, 1911 m. Al Rifugio Telegrafo, 2147 m, sul pendio sud-occidentale del Monte Telegrafo (detto anche Monte Maggiore); da Assenza per sentiero, passando per Sommavilla, attraverso Val Mezzana ed il Costone di Zovl; ore 6 (medio). Dal Rifugio Telegrafo ampio panorama sulle Alpi, la Valle dell'Adige e la pianura padana.

Tramonto sul lago / Sonnenuntergang auf dem See

CAPRINO VERONESE

Comune (C 6), Prov. di Verona, abitanti: 6730, altezza s.l.m.: 254 m., CAP: I-37013. **Informazioni**: Pro Loco Caprino Veronese. **Stazione ferroviaria**: Dolcè (Km 11). **Collegamento autobus**: con Dolcé, Rivoli, Verona.

Questa vivace località, centro agricolo e commerciale assai importante, è posta, circondata da vigneti, al margine di una bella conca protetta a nord dai contrafforti meridionali del Monte Baldo. Numerose ville e case padronali, risalenti ai secoli passati, si sono conservate sia a Caprino come nei borghi vicini e danno testimonianza che, già in tempi addietro, questa zona, per il suo clima mite, godeva fama di luogo di vileggiatura estiva. La frazione di Spiazzi, 862 m, posta dieci chilometri più a nord, è ameno e frequentato luogo di soggiorno estivo, anche in merito alla sua posizione panoramica; è anche meta di pellegrinaggi per il santuario della Madonna della Corona assai famoso. Caprino Veronese è anche punto di partenza della strada panoramica «Generale Graziani» che può essere considerata una variante moderna della antica strada romana detta «La Campiona». Si snoda tra le due creste del Monte Baldo, attraversando un paesaggio vario e toccando Spiazzi, Ferrara di Monte Baldo, Bocca di Navene, fino a raggiungere Brentonico e Mori nella Valle dell'Adige.

Curiosità del luogo e dintorni

Nel centro della borgata si erge l'elegante **villa Carlotti** (oggi Municipio) del '600, con affreschi e stucchi nell'interno. Il villaggio attiguo di Platano (Km 1,5) con belle **ville rinascimentali** del '400-'500, così denominato per un **gigantesco platano che annovera 400 anni**, è alto 20 metri ed è considerato il maggiore d'Italia. Al **santuario della Madonna della Corona**, 774 m, nelle vicinanze di Spiazzi. La chiesa, che conserva una venerata e miracolosa statua della Vergine, è del '500, ma più volte rimaneggiata nei secoli successivi. Costruita sulla parete rocciosa a guisa di nido d'aquila, la si raggiunge da Spiazzi scendendo una lunga scalea; bella vista sulla Valle dell'Adige e le montagne. A Ceredello, da segnalare la **chiesetta di S. Cristina** del XIII sec.

Passeggiate ed escursioni

A Pesina (Km 3,5) sulla strada di Costermano: fra le belle ville di questo luogo di villeggiatura da notarsi la Villa Belvedere sui pendii del Monte di Pesina. A Castion, passando per Rubiana, Piozze, Giare e S. Vérolo, ore 2.30.
A Prada per una carrozzabile toccando Rubiana e Lumini, ore 3.30 (facile), anche in macchina. La gita in macchina che da Caprino Veronese ci porta a Rivoli Veronese (Km 9), situata fra l'Adige e l'autostrada del Brennero nella Chiusa di Verona, può essere considerata una escursione nella storia. Nel 489 di qui passò l'esercito dei Goti, guidato dal Re Teodorico che a Verona avrebbe poi posto la sede del suo regno. Nel 1797 Napoleone qui vinse una delle sue prime battaglie contro le truppe austriache. Nel 1848 ebbero luogo i combattimenti della prima guerra d'Indipendenza tra Piemontesi e Austriaci; su uno sperone roccioso sovrastante l'abitato si erge tutt'oggi il massiccio forte costruito dagli Austriaci.

DESENZANO DEL GARDA

Comune (A 9), Prov. di Brescia, abitanti: 21.012, altezza s.l.m.: 67 m, CAP: I-25015. **Informazioni**: Ufficio I.A.T., Desenzano. **Stazione ferroviaria**: Desenzano. **Collegamento autobus**: con Brescia, Milano, Verona.

Cittadina posta all'estremità sud-occidentale del lago di Garda, al centro di uno dei suoi golfi più pittoreschi. Frequentatissima località balneare, Desenzano, oltre ad essere un'ottima base per gite ed escursioni, offre occasioni di interesse artistico, storico e archeologico. Fondata quasi sicuramente in età romana (visibili reperti e scavi), fu nel Medioevo aspramente contesa tra Brescia e Verona. Passata nel '400 sotto il dominio di Venezia, divenne fiorente centro commerciale: peculiarità conservata nel corso dei secoli, alla quale si è unita una ricca industria alimentare - enologica (rinomata la produzione dei vini «Lugana» e «Tokai» di Lugana).

Curiosità del luogo e dintorni
Nella parte alta della città il **castello**, costruito intorno al Mille, con possenti mura e mastio merlato. Interessanti i resti di una stupenda **villa romana** del IV secolo, con pavimenti di mosaico policromo e che presenta un impianto di riscaldamento dell'epoca, un antiquarium, un museo preistorico-palafitticolo. Vicino alla villa, gli scavi hanno portato alla luce i resti di una chiesa paleocristiana e di un edificio forse adibito a terme. La **parrocchiale di S. Maria Maddalena** del '500, conserva nel suo interno dipinti di G. D. Tiepolo, di Zenone Veronese e di Andrea Celesti. Alcuni **palazzi**, opere del Todeschini.

Passeggiate ed escursioni
Verso est si giunge nel vicino paese di Rivoltella, dove si può visitare la graziosa chiesa di San Zeno del '400. Al Belvedere: dapprima lungo la riva del lago in direzione del villaggio turistico «del Vò», poi a sinistra verso la collina che offre uno stupendo squarcio panoramico sul golfo di Desenzano e sul Garda, come pure sulle sempre più dolci colline della vicina Valtenesi, min. 45. È consigliabile una interessante gita in auto ai campi di battaglia della seconda guerra d'Indipendenza, 1859. A San Martino della Battaglia (Museo e Torre alta 74 m) e a Solferino (Km 19 a sud di Desenzano), durante il Risorgimento italiano, i Piemontesi e i Francesi, loro alleati, batterono gli Austriaci, raggiungendo con questa battaglia l'annessione della Lombardia al nascente Regno italiano. A Solferino, Museo storico e Ossario nella chiesa di San Pietro che conserva le salme di circa 30.000 soldati caduti nei combattimenti.
Un fatto di importanza storica mondiale è costituito dalla presenza alla battaglia di Solferino di Henri Dunant, svizzero, che qui ebbe la prima idea di creare un organismo internazionale per raccogliere e curare i soldati feriti; questa idea venne poi da lui attuata con la fondazione della Croce Rossa, che nella vicina Castiglione delle Stiviere presenta oggi un museo. A 2 Km da Desenzano, in località Grezze, sorge la casa di S. Angela Merici (1474-1537), fondatrice dell'ordine delle Orsoline.

FERRARA DI MONTE BALDO

Comune (D 5), Prov. di Verona, abitanti: 193, altezza s.l.m.: 856 m, CAP: I-37020. **Informazioni**: Pro Loco Ferrara di Monte Baldo. Stazione **ferroviaria**: Sant'Ambrogio di Valpolicella (Km 30). **Collegamento autobus**: con Caprino Veronese, Verona.

Questo paesino di montagna, situato sulle pendici verdeggianti che si estendono tra la cresta principale e quella secondaria del Monte Baldo, è un frequentato luogo di soggiorno estivo per la sua tranquillità e per le molte possibilità di passeggiate ed escursioni nei dintorni. Sette chilometri a nord dell'abitato, nella

Desenzano: Il Porto / Desenzano: der Hafen

zona di Novezza, lungo la strada «Generale Graziani» (v. Caprino Veronese), è sorta recentemente una zona sciistica molto adatta per principianti e per bambini, servita da sciovie. In loc. Novezzina, è stato allestito «L'Orto Botanico del Monte Baldo», nel quale possono essere ammirati molti fiori del Monte Baldo.

Passeggiate ed escursioni

Al Rifugio Novezzina, lungo la strada «Generale Graziani», oltrepassando gli abitati isolati di Valdeforte e Cambrigar, ore 1.30. Al Rifugio Cedron, lungo la strada e passando per il Rifugio Novezzina, ore 2.30 (anche in macchina). A Spiazzi, 862 m, dove si innalza il santuario della Madonna della Corona (v. Caprino Veronese), ore 1. Al Rifugio Telegrafo, seguendo per 3 Km la strada «Generale Graziani», poi prendendo a sinistra il sentiero con molti tornanti e passando davanti alla Malga Lonza, si arriva sulla cresta del Baldo, seguendo la quale si raggiunge il rifugio posto un po' sotto la cima del monte Telegrafo (2200 m); di qui grandiosi panorami in tutte le direzioni, ore 4 (medio). Alla Cima Valdritta, 2218 m, la punta più elevata del massiccio del Baldo: si segue la strada fino a Caval di Novezza, da lì con il sentiero n. 652 sullo sperone roccioso della Cornetta e poi lungo la cresta per il sentiero n. 651 si arriva alla vetta, ore 5.30 (medio), ore 3.30 da Caval di Novezza. Ai Rifugi Monte Baldo e Alb. Alpino: da Caval di Novezza (Km 7 a nord di Ferrara di Monte Baldo) per sentiero, attraverso il Passo Campione e la Malga Artillone, 1437 m; poi in discesa ai rifugi alberghetti. Gita tranquilla e molto comoda attraverso un paesaggio ancora incontaminato, ore 2 da Caval di Novezza.

GARDA

Comune (B 7), Prov. di Verona, abitanti: 3270, altezza s.l.m.: 67 m, CAP: I-37016. **Informazioni**: Azienda di Promozione Turistica, Garda. **Stazione ferroviaria**: Peschiera (Km 18). **Collegamento autobus**: con Peschiera, Verona, Riva.

Composto da vecchie ville con bei parchi e da moderni alberghi, questo grazioso centro di soggiorno si estende sulla riva orientale del Lago di Garda, in un piccolo golfo protetto da dolci colline. La località, che dà il nome al lago, era abitata già nel neolitico. Più tardi, ai piedi dello sperone roccioso che domina il paese, sorsero delle palafitte i cui resti vennero alla luce durante degli scavi. Garda ebbe un periodo di grande fioritura nel medioevo quando Carlo Magno la elevò a sede di contea con giurisdizione su un esteso territorio circostante, per cui il suo nome passò al lago.
Durante la dominazione veneziana ebbe grande importanza economica per il commercio e le comunicazioni lacustri. Si narra che, nel 950, il re Berengario di Ivrea abbia tenuta prigioniera nella Rocca di Garda, ora in rovina, Adelaide, la vedova del re Lotario.
La nobildonna sarebbe però riuscita a fuggire a Canossa e più tardi divenne la sposa di Ottone I, imperatore germanico. Garda oggi è uno dei centri turistici più vivaci del Benaco; molto pittoresco il porticciolo per cui passa l'elegante ed animato Lungolago.

Curiosità del luogo e dintorni

La **parrocchiale di Santa Maria Maggiore** del '500; nell'interno un dipinto di Palma il Giovane, rappresentante San Biagio; in sagrestia un affresco del 1450. Nel cortile a destra sono visibili i due lati del chiostro risalente al XIV secolo. Sul Lungolago il **palazzo del Capitano** in stile gotico-veneziano. In mezzo ad un grande parco si innalza la **villa Albertini**, ricostruita nel secolo scorso nello stile medioevale merlato.
Qui nel 1848 Carlo Alberto, Re di Piemonte, ricevette una delegazione che gli consegnò l'atto di annessione della Lombardia al Piemonte. **Punta San Vigilio** (Km 3 da Garda) chiude il golfo di Garda a nord-ovest: con i cipressi e gli olivi, un'antichissima chiesetta e la solitaria Baia delle Sirene costituisce una delle località più famose, più suggestive e più fotografate del Lago di Garda. Qui è situata la signorile **Villa Guarienti** del '500, costruita su progetto dell'architetto Sammicheli, Meravigliosa vista sul Benaco.

Passeggiate ed escursioni

Alla frazione di Marciaga, 290 m, lungo la strada che sale fra le colline a settentrione di Garda. In posizione panoramica si innalza la chiesetta romanica della «Madonna di Marciaga», min. 30. Alla Rocca, 294 m, su cui si eleva un castello distrutto nel '500 e dove sorge l'Eremo antico dei Camaldolesi, eretto assime alle caratteristiche cellette dei monaci nel XVII secolo; per una mulattiera fra vigneti e uliveti, min. 45 (v. anche Bardolino). A Torri del Benaco, passando per la solitaria Valle Volpara e attraverso Albisano (punto panoramico), ore 1.30. A Costermano, 221 m, (Km 3,5), centro agricolo, con una strada che risale le colline moreniche a sud del Baldo. Nelle immediate vicinanze del paese si trova un cimitero militare tedesco con le tombe di 23.000 caduti della seconda guerra mondiale, min. 50.

Torre D'Annunziana a Gardone / Turm D'Annunziana in Gardone

GARDONE RIVIERA

Comune (A 6), Prov. di Brescia, abitanti.: 2.495, altezza s.l.m.: 120 m, CAP: I-25083. **Informazioni**: Ufficio I.A.T., Gardone Riviera. **Stazione ferroviaria**: Desenzano (Km 23). **Collegamento autobus**: con Desenzano, Brescia, Milano.

Gardone è il luogo di villeggiatura più elegante della «Riviera bresciana» che si estende, tra Gargnano e Salò, sulla riva occidentale del Garda e che è caratterizzata da una vegetazione mediterranea particolarmente rigogliosa, favorita da un clima molto mite. Circa cent'anni fa iniziò qui il turismo moderno che dapprima attirò i letterati e i pittori tedeschi; in questo secolo fu meta di artisti e personalità della nobiltà e della finanza di tutto il mondo. Fu la sede ultima scelta da Gabriele D'Annunzio. Mentre in basso, lungo la sponda, si estende Gardone di Sotto con l'elegante lungolago, alberghi e caffè, la parte più antica, detta Gardone di Sopra, si mantiene ancora come pittoresco luogo con suggestivi angoli e antiche ville, immerse nel verde scuro dei cipressi. Da qui si può godere un'ineguagliabile panorama sul Garda verso l'Isola di Garda, la Punta Portese e, in lontananza, la penisola di Sirmione e l'opposta sponda veronese. Dal 1989, anno di istituzione, Gardone è parte integrante del Parco dell'Alto Garda Bresciano.

Curiosità del luogo e dintorni
Il «**Vittoriale degli Italiani**» che Gabriele D'Annunzio fece costruire per la sua dimora come un monumento per se stesso, alla sua opera e alle audaci imprese compiute nella prima guerra mondiale; dopo la sua morte, avvenuta nel 1938, divenne museo, per la sua volontà donato al popolo italiano. Molto interessante è il teatro all'aperto, costruito sul modello dell'antico teatro romano (rappresentazioni di alto livello in estate); interessante pure la prua della nave «Puglia», murata nella collina; l'aereo con cui il 9 agosto 1918 sorvolò Vienna, le sale e i viali con le urne degli eroi che con lui compirono le azioni guerresche. Il **Giardino botanico** del Dott. Hruska con moltissimi esemplari della flora mediterranea e alpina. Il **centro congressi** di villa Alba, edificio dei primi anni del secolo; è circondato da un ampio parco pubblico.

Passeggiate ed escursioni
Alla frazione di Morgnaga, da Gardone di Sopra per strada piana con vista sul lago; Canonica con affreschi del '400, min. 30. A Tresnico; da Gardone di Sopra per una vecchia strada attraverso oliveti, si raggiunge questa località a quota 313 m, min. 50. A Fasano, da Gardone di Sopra per la suggestiva «Via Belvedere» si scende verso questa frazione situata a nord di Gardone di Sotto con cui forma un tutto unico, min. 50. Al Rifugio Spino «Giorgio Pirlo», 1165 m: da Gardone per la strada panoramica fino alla località Verghere in Val di Sur (pargheggio); da lì per una mulattiera comoda e solo nell'ultima parte in salita al rifugio, ore 1,45 dal parcheggio (facile). Dal rifugio, attraverso il Dosso le Prade, si può salire al Monte Pizzocolo, 1582 m, da cui si ammira un grandioso panorama sulle Alpi Bresciane circostanti, l'Adamello, le Dolomiti, il Monte Baldo e la pianura fino a Verona, ore 1.30 dal rifugio (medio). Una bella gita in automobile attraverso paesaggi molto vari con un panorama suggestivo: da Gardone, passando per Tresnico, si giunge a San Michele, 407 m, ameno luogo di villeggiatura estiva; da lì, passando per il rio Barbarano, a Serniga, 429 m, e poi scendendo con molti tornanti si raggiunge la statale e si perviene a Gardone (Km 14).

GARGNANO

Comune (B 4-5), Prov. di Brescia, abitanti: 3.211, altezza s.l.m.: 98 m, CAP: I-25084. **Informazioni**: Pro Loco Gargnano. **Stazione ferroviaria**: Desenzano (Km 35). **Collegamento autobus**: con Desenzano, Brescia, Milano, Riva.

Poche sono le località che, come Gargnano, posta lungo la «Riviera bresciana»

sulla sponda occidentale del Lago di Garda, hanno conservato fino ai nostri giorni l'aspetto antico, impresso dai secoli passati, dove la vita moderna e rumorosa sembra essersi fermata davanti alle porte di questo centro. Ville padronali e case rustiche, antiche chiese e pittoresche limonaie caratterizzano l'abitato dove natura e architettura si fondono, formando il tipico paesaggio gardesano tanto vagheggiato dai turisti nordici.
Sorta probabilmente già in epoca romana, Gargnano ebbe dal 1427 un periodo di fioritura quando fu sotto la dominazione veneziana. Subì bombardamenti da parte degli Austriaci nel 1866 durante la terza guerra d'Indipendenza ed ebbe un ruolo importante anche nella più recente storia. Infatti nella Villa Feltrinelli dimorò Mussolini dopo l'8 Settembre 1943, allorché dette vita alla «Repubblica Sociale Italiana» detta anche «Repubblica di Salò» che doveva durare fino alla Libe razione avvenuta nell'aprile 1945. Da Gargnano una strada porta al Lago d'Idro attraverso paesaggi splendidi con meravigliosi panorami; si sale per tornanti fino a Navazzo, per poi penetrare nella Valle Toscolano; qui la strada costeggia per 5 Km il lago artificiale di Valvestino e raggiunge le tre frazioni che costituiscono il villaggio di Capovalle in posizione pittoresca. Da qui una strada costruita da poco scende a Idro (Km 36 da Gargnano). Il territorio comunale di Gargnano fa parte del Parco dell'Alto Garda Bresciano, istituito nel 1989.

Curiosità del luogo e dintorni
La **chiesa di San Francesco** del '200, più tardi rimaneggiata. Nell'interno dipinti di Andrea Celesti. Molto suggestivo è il chiostro dell'antico convento dei Francescani con interessanti capitelli, pietre tombali romane e un portale rinascimentale scolpito. La **chiesa di San Giacomo de Calì** del XII secolo, affrescata, si innalza alla periferia dell'abitato, in posizione solitaria sulla riva, a nord della Villa Feltrinelli. **Villa Bettoni** a Bogliaco del '700, costruita su disegno di Adriano Cristofali, è uno dei palazzi più fastosi del Benaco; nell'interno una pinacoteca con opere di Andrea Celesti, del Canaletto, di Guido Reni e preziosi mobili di epoca. Mediante due passaggi sopraelevati è collegata con il settecentesco parco «all'Italiana», che si apre sul lato opposto della strada.

Passeggiate ed escursioni
A Muslone, 463 m, con una strada che corre in alto parallelamente alla Gardesana, passando davanti alla chiesa di San Gaudenzio e ai piedi della parete scoscesa della Cima Comèr, si raggiunge questo villaggio in bellissima posizione, ore 1.30. A Fornico, solitario paesino rustico con vecchie case ed angoli pittoreschi, si giunge da Bogliaco per una strada stretta che si snoda attraverso oliveti e vigneti, min. 30. Da Fornico alla Chiesa di Madonna di Supina, min. 15.A Gaino, da Bogliaco, passando per Fornico, si raggiunge la località posta sopra Toscolano, ore 2. A Navazzo, 496 m, Sasso, 555 m, Liano e Formaga, 587 m, quattro piccole località pittoresche, aggrappate alle pendici sopra Gargnano, da cui si possono ammirare stupendi scorci sul lago; da Bogliaco in ore 2. Alla Cima Comèr, 1280 m, che, con una ripida parete alta 400 metri, precipita sul Garda: da Navazzo (a piedi passando per Fornico, in ore 1, oppure con la macchina prendendo la strada panoramica di Valvestino, circa 9 Km) si giunge a Sasso; poi con una mulattiera ripida, a Razzone, 80 m, e da lì alla vetta, affascinante punto panoramico sul Garda e il Monte Baldo, da Navazzo, ore 2.30 (facile). Dalla Cima Comèr al M. Denervo, 1459 m, min. 45.

Panorama di Torbole / Aussicht von Torbole

LAZISE

Comune (C 8), Prov. di Verona, abitanti: 5.560, altezza s.l.m.: 76 m, CAP: I-37017. **Informazioni**: Azienda di Promozione Turistica Lazise. **Stazione ferroviaria**: Peschiera (Km 9). **Collegamento autobus**: con Peschiera, Verona, Riva.

Le merlate mura di cinta e le torri del castello scaligero danno a Lazise, che giace sulla sponda orientale del Garda, un'impronta ancor oggi medioevale. La località, già abitata nella preistoria, all'epoca romana si chiamava «Lasitium». Nel XII secolo divenne il primo Comune libero del Benaco; passò sotto la Signoria degli Scaligeri che ricostruirono le fortificazioni dell'XI secolo e che fecero di Lazise una loro piazzaforte ben munita. Situata nella zona morenica, che a sud rinserra il lago, Lazise è una comoda base di partenza per passeggiate e per gite verso le località collinari, dove la nobiltà veronese, nei secoli passati, aveva eretto le proprie ville per passarvi l'estate e l'autunno. Fa inoltre parte della Gardesana dell'olio extravergine di oliva del Garda «Riviera degli Olivi», nonché della Strada del vino Bianco di Custoza e del Vino Bardolino.

Curiosità del luogo e dintorni

Il **castello scaligero**, tuttora abitato, con sei massicce torri e il muro di cinta merlato. La **chiesetta di San Nicolò** al porto, che risale al XII secolo, più tardi rifatta, conserva all'interno affreschi del '300. Pure al porto la **dogana veneta** del XVI secolo con ampio porticato. La **villa La Pergolana**, situata 1 Km a nord di Lazise, lungo la statale, racchiude in sé l'antica cappella di un convento che poi cadde in rovina. A sud del paese, sorge il **parco acquatico «Il mondo di Caneva»**; nei suoi pressi, nei comuni di Lazise e Castelnuovo del Garda, sorge il **parco di divertimenti «Gardaland»**.

Passeggiate ed escursioni
A Calmasino, un grazioso villaggio in posizione panoramica, per la strada asfaltata che sale per le colline (Km 3). Continuando per questo dolce pae saggio, dopo altri 3 Km si raggiunge la località di Cavaion Veronese (v. Bar dolino). Da Pacengo (Km 3 a sud di Lazise) a Colà, piccolo abitato, situato in un'amena zona e contornato da belle ville, costruite fra il XVI e il XVIII secolo, min. 40 (da Lazise ore 1). Otto chilometri a ovest di Lazise si innalza, sopra un colle, il borgo di Pastrengo, noto per due battaglie: nel 1799 gli Austriaci vi sconfissero i Francesi, mentre nel 1848 gli stessi Austriaci furono sconfitti dai Piemontesi. Circa 2 Km a sud di Pastrengo si estende l'interessante Parco Zoosafari del Garda ricco di molte specie di animali esotici provenienti da tutte le parti del mondo. Per la sua fauna così varia merita veramente una visita.

LIMONE SUL GARDA

Comune (C 2), Prov. di Brescia, abitanti: 989, altezza s.l.m.: 66 m, CAP: I-25010. **Informazioni**: Ufficio I.A.T., Limone. **Stazione ferroviaria**: Rovereto (Km 31). **Collegamento autobus**: con Riva, Rovereto, Desenzano, Brescia.

Limone sul Garda, situato sulla sponda ovest dell'omonimo lago, ai piedi di scoscese pareti rocciose, deve al latino «limes» il suo nome, infatti è sempre stata terra di frontiera, ed alle limonaie che si estendono in terrazzi sopra l'abitato, protette dal freddo del nord per mezzo di serre. Le vecchie case si stringono intorno al grazioso porticciolo e il turismo moderno, giovane e vivace, non è riuscito a distruggere ma bensì ha valorizzato la tipica atmosfera di villaggio di pescatori. Il territorio comunale di Limone è compreso nel Parco dell'Alto Garda Bresciano, istituito con legge regionale nel 1989, con un'estensione di 38 mila ettari.

Curiosità del luogo e dintorni
La **parrocchiale**, riedificata alla fine del '600 con dipinti di Andrea Celesti recentemente restaurati. La **chiesa di S. Rocco**, del '500, sopra l'abitato. La **chiesetta di S. Pietro**, del X sec. nell'oliveto.

Passeggiate ed escursioni
A Reamol, lungo la riva del lago, in mezzo alle limonaie e agli olivi, in direzione nord con bella vista sul Monte Baldo, posto sulla sponda opposta, 30 min. A Punta Larici, 903 m, da Reamol, ore 2. Al Tesol, in mezzo all'oliveto, casa natale di Daniele Comboni, missionario fondatore dei Comboniani, ove c'è un museo africano delle missioni, visitabile come pure la Cappella immersa tra gli olivi e il giardino, 30 min. Escursione domenicale in montagna con guida alpina, organizzata dal locale Gruppo A.N.A. A Pregasina, un tranquillo paesino montano in posizione incantevole (ved. Riva); risalendo dapprima la Valle del Singol e seguendo poi i pendii occidentali del Dosso dei Roveri e della Cima di Mughera, si sale al Passo Rocchetta, 1158 m, per poi scendere a Pregasina, da dove si gode un panorama magnifico, ore 3 (facile). A Molina di Ledro, attraverso la Valle del Singol e la Valle Piana si giunge al Passo di Bestana dove fino al 1918 passava il confine italo-austriaco, e da lì con un sentiero attraverso il bosco, si tocca la sponda meridionale del Lago di Ledro, ore 4/5 (medio). A Dalco, lungo il sentiero di Preals, fino al Dega e al Passo della Vecchia, in comune di Tremosine.

LONATO

Comune (A 9), Prov. di Brescia, abitanti: 10.110, altezza s.l.m.: 188 m, CAP: I-25017. **Informazioni**: Pro Loco di Lonato. **Stazione ferroviaria**: Desenzano (Km 5). **Collegamento autobus**: con Desenzano, Brescia, Verona.

Ai piedi di una dolce collina giace, a sud-ovest del Garda, Lonato, sulla strada Brescia-Verona e adiacente all'autostrada. Questa vivace cittadina vanta una lunga storia di cui testimoniano i molti edifici antichi e i monumenti. Nelle sue vicinanze, soprattutto a Polada (Km 2 a est di Lonato), sono venuti alla luce i resti di un villaggio palafitticolo dell'età del bronzo. Le ceramiche tipiche ivi trovate hanno dato il nome alla civiltà di Polada. Anche testimonianze archeologiche del periodo romano furono reperite in questa zona. La città, che fu sotto il dominio dei vescovi veronesi, passò durante il medioevo alle dipendenze di varie signorie, finchè nel 1516 venne inclusa entro i confini della «Serenissima».

Curiosità del luogo e dintorni

La grande **Basilica**, costruita nel '700 su disegno di Paolo Soratini, conserva nell'interno preziosi dipinti di Andrea Celesti (XVII secolo) e di Bernardino Licinio (XVI secolo). La rocca, fortificazione eretta attorno al 1000, ma rifatta nel 1300, da dove si gode un vasto panorama sull'ampio anfiteatro morenico, fino alla pianura veneta e sul Garda e fino alle Alpi. L'annessa **casa del Podestà**, riedificazione attuale nello stile del '400, con pinacoteca e raccolte di oggetti di peltro e ceramiche: è sede della Fondazione Ugo da Como che è ricca di una biblioteca di oltre 20.000 volumi, di preziosi codici e di 400 antichi incunaboli. La **chiesa della Madonna del Corlo** del XIV secolo, con preziosi dipinti di Pietro Morone e del Moretto, affreschi del '300, del '600 e del '700 e stucchi del Soratini (XVI secolo). **Pieve di S. Zeno**, sec. V. **Santuario di S. Martino**.

Passeggiate ed escursioni

A Polada per una comoda strada pianeggiante, attraverso il bosco, min. 30. Alla chiesa di San Cipriano, semplice costruzione romanica del 1100 nel paese di San Cipriano Sopra, min. 30. Alla pieve di San Zeno ed al santuario di S. Martino.

MALCESINE

Comune (C 3), Prov. di Verona, abitanti: 3.488, altezza s.l.m.: 89 m, CAP: I-37018. **Informazioni**: Azienda di Promozione Turistica, Malcesine. **Stazione ferroviaria**: Rovereto (Km 30). **Collegamento autobus**: con Riva, Rovereto, Peschiera, Verona. **Impianti di risalita**: funivia, seggiovia.

Oggi Malcesine è tra le più frequentate e meglio attrezzate stazioni turistiche benacensi; deve parte della sua fama a Goethe che qui venne trattenuto dalle autorità di polizia della Repubblica veneta che, avendolo visto disegnare, l'avevano creduto una spia. Già i Longobardi e i Franchi eressero quivi delle fortificazioni; l'abitato passò poi ai vescovi veronesi ed infine agli Scaligeri che, nel '200, costruirono il castello e più tardi vi posero la sede giurisdizionale del Capitano del Lago che dal 1504 al 1702 era a capo di tutte le località rivierasche venete. La parte vecchia, con stretti e pittoreschi vicoli, si stringe attorno al castello e al vivace e grazioso porticciolo, mentre sulle verdi pendici del Baldo, fra oliveti e parchi sono sorte eleganti ville e lussuosi alberghi. Essendo Malcesine collegata con una funivia al Monte Baldo, località ben attrezzata per gli sport invernali, anche durante la stagione della neve numerosi alberghi rimangono aperti per il forestiero. In estate i prati del Baldo sono una zona molto frequentata per passeggiate e gite.

Curiosità del luogo e dintorni

Il **castello scaligero** (XIII - XIV secolo) è composto da più edifici e sormontato dal mastio alto 33 metri, da cui si gode un ampio panorama. Conserva un piccolo museo di interesse locale. Il **palazzo dei Capitani del Lago**, costruzione rinascimentale, con grazioso cortile interno, che si apre sul Garda. Al primo piano la «Sala delle Sedute» con gli stemmi affrescati dei Capitani del Lago. Grande interesse naturalistico rivestono le due Riserve naturali integrali «Gardesana Orientale», presso la frazione di Navene, e «Selva Pezzi», comprendenti le cime veronesi del Monte Baldo.

Passeggiate ed escursioni

Il lungolago, che gira attorno ad un piccolo promontorio, da cui si scorge l'Isolotto dell'Olivo, è molto romantico, anche nella parte ultima dove si inoltra nella Val di Sogno, min. 45. Al Dos del Pis, 229 m, con bella vista su Malcesine, min. 30. Da San Michele, 556 m, stazione intermedia della funivia del Baldo, si scende per

Malcesine / Aussicht von Malcesine

una mulattiera a Malcesine, con bellissimi scorci sul lago fino alla sponda opposta, ore 1. Alla Cima Valdritta, 2218 m, la vetta più alta del massiccio del Baldo, dalla stazione a monte della funivia si segue in direzione sud il sentiero Europeo che corre lungo la cresta, superando delle rocce coperte da mughi, ore 2.30 (medio). Da lì in altre ore 2 al Rifugio Telegrafo. Al Rifugio Altissimo «Damiano Chiesa», 2060 m, poco sotto la cima del Monte Altissimo di Nago; dalla stazione d'arrivo della funivia del Baldo, passando attraverso il fianco orientale della Colma di Malcesine e la Bocca di Navene, 1430 m, il valico più basso della lunga cresta del Monte Baldo (panorama); da lì seguendo per un tratto la strada «Generale Graziani» e salendo le pendici meridionali dell'Altissimo, si giunge al rifugio, ore 2.30/3 (facile). All'eremo dei SS. Benigno e Caro, passando per S. Maggiore, Malga Fabio e toccando le rocce di Porta del Vescovo proseguendo sempre verso sud, ore 3.30.

MANERBA DEL GARDA

Comune (A 7), Prov. di Brescia, abitanti: 2.935, altezza s.l.m. 65/216 m, CAP: I-25080. **Informazioni**: Pro Loco Manerba. **Stazione ferroviaria**: Desenzano (Km 12). **Collegamento autobus**: con Desenzano, Brescia, Salò.

Valtènesi è il nome della zona agricola che si estende a sud-ovest del Garda, fra Padenghe e Salò, e che, con le sue colline moreniche, rappresenta uno dei territori vinicoli più noti. In questa zona si producono i seguenti rinomati vini DOC: Chiaretto, Rosso, Rosso Superiore, di un gusto e sapore armonioso ed invitante alla degustazione. Le frazioni di Manerba, il cui nome ricorda la dea Minerva (così come Valtènesi si dice derivare dall'espressione «Valle degli Ateniesi») giacciono disseminate su un promontorio che culmina nella rocca di Manerba, 218 m, per precipitare poi sul lago con ripide pareti rocciose, ben individuabile anche da lontano. Durante il periodo longobardo qui venne costruito un castello, distrutto poi nel 1787. Manerba stessa è una località tranquilla la cui popolazione si dedica in maggior parte all'agricoltura. Numerosi campeggi sono situati nel golfo che sta fra la Punta Belvedere e la Punta Portese e nella vicina S. Felice del Benaco (Km 5).

Curiosità del luogo e dintorni

Chiesa di S. Maria in località Pieve Vecchia, è ripartita in tre navate da archi a pieno centro; delle tre absidi rimane solo quella mediana, assai ampia. Gli affreschi, che dovevano coprire gran parte delle pareti, sono ancora leggibili nell'abside; un frammento è conservato anche nella navata centrale. Detti affreschi sono databili al XIII - XIV sec. È dedicata a S. Rocco. Posta in una posizione incatevole è la **chiesetta** dedicata a **S. Giorgio**.
Nell'interno rimangono gli interessanti affreschi del XIV sec. Tra gli affreschi c'è una raffigurazione di S. Giorgio che combatte il drago. La **chiesa della SS. Trinità** in Solarolo, è ad aula unica, scandita in tre campate. La facciata segue il caratteristico prospetto a capanna con rosone centrale in cotto. All'interno ci sono affreschi rinascimentali, nella parete di fondo dell'abside. La **chiesa di S. Lucia** a Balbiana è ad aula unica, con abside semicircolare. Interessanti gli affreschi sulle pareti delle navate, Santi e Madonne in trono goticheggianti. Esistono anche altri affreschi. La **chiesa di S. Caterina** in Gardoncino è ad aula unica con prospetto a capanna della fine del '500. Ancora integro un rosone con una raggiera in cotto, decorata da cerchielli. La **chiesa di S. Bernardo** in

Montinelle è anch'essa ad aula unica con prospetto a capanna. L'interno ha subito anche recentemente modifiche che hanno parzialmente alterato le linee originali. Qualche affresco particolare raffigurante la Madonna in trono goticheggiante. A Solarolo, **chiesa** dedicata a **S. Maria Assunta**, della quale ricorsero nel 1981, i duecento anni della sua consacrazione. Confinante a nord della Pieve, un **santuario della Madonna del Carmine** del 1600 in stile romanico-gotico. Notevoli sono al'interno i dipinti murali della stessa epoca. L'**Oratorio campestre S. Sivino** ad aula unica con prospetto a capanna e piccolo rosone sopra il portale d'ingresso. Il **Museo-Storico-Archeologico della Valtenesi** a Montinelle, in cui sono raccolti i reperti archeologici rinvenuti nel corso di vari scavi nella zona. L'**Enoteca della Valtenesi**, raccogliente il meglio della produzione vinicola della zona.

Passeggiate ed escursioni

La più importante è quella che porta alla rocca di Manerba. Si può passare da Solarolo (sede del Comune), arrivare a Montinelle e da lì, salendo una lunga stradicciola asfaltata, tra olivi e pini, si arriva quasi alla sommità. Dalla cima, all'apice di questo sperone roccioso, si gode un'ampia vista, che nelle giornate serene, può arrivare oltre S. Martino, Solferino, Sirmione, Bardolino, Garda e su su fino alla bocca di Riva, oltre a tutto il versante ovest, Gargnano, Toscolano, Maderno, Gardone Riviera, la conca di Salò e tutte le colline moreniche della Valtenesi. La Valtenesi, di cui Manerba è il paese più importante per la sua posizione ed il paesaggio, è uno dei migliori lidi del Bresciano. È coperta da vaste zone a vigneto dove alligna molto bene anche l'olivo, che fornisce un ottimo olio ricercato per la sua squisitezza. L'agriturismo sta sviluppandosi, dando al turista la possibilità di degustare alla fonte i prodotti genuini del luogo.

L'isola di Garda è la più grande del Benaco, con il suo castello. S. Francesco, narra la tradizione, vi avrebbe fondato nel '200 un eremo e nei secoli seguenti, l'isola fu sede di ordini religiosi. Oggi è di proprietà dei conti Borghese-Cavazza.

La Rocca di Manerba, 150 m a picco sul lago/150 m fällt die Rocca di Manerba zum Gardasee ab

Esiste un palazzo di stile neogotico ben conservato. Il tutto contornato dalle montagne, dal Monte Baldo, dal Monte Pizzocolo che nella stagione primaverile sono imbiancati. Da Manerba, passando da San Felice del Benaco, che dista 5 Km, a Puegnago, un grazioso borgo agricolo che conserva ancora certi edifici del Medioevo, allorché trascorse un periodo di agiatezza. A Puegnago esiste un lago, denominato Lago Lucone, meta di passeggiate domenciali. Il lago è quasi tutto coperto da fiori di loto. Nel periodo autunnale si tiene la fiera agricola. Polpenazze ad a 3 Km, borgo agricolo che si sta trasformando in residenziale. Ruderi di castello medioevale ed una chiesa rinascimentale, posta in una posizione incantevole. S. Pietro, chiesetta antica, posta sulla cima del declivio, contiene ottimi affreschi ben conservati. Nell immediate vicinanze anticamente vi era una comunità che viveva nelle palaffitte, ed è lì che fu trovata una piroga dell'età del bronzo. A Soiano c'è un castello di proprietà degli Omodeo. È un borgo che si è trasformato in una marea di ville nuove. Moniga a 3 Km e Padenghe a 4 Km presentano due castelli; quello di Padenghe è ben conservato, mentre invece di quello di Moniga non rimangono che le strutture esterne.

MOLINA DI LEDRO

Comune (C 1), Prov. di Trento, abitanti: 1.485, altezza s.l.m.: 638 m, CAP: I-38060. **Informazioni**: Ufficio Turistico di Molina di Ledro. **Stazione ferroviaria**: Rovereto (Km 30). **Collegamento autobus**: con Riva, Rovereto, Trento.

Il paese giace a poca distanza dalla riva orientale del Lago di Ledro, dove nel 1929, durante i lavori per la centrale elettrica del Ponale, vennero alla luce i resti di palafitte dell'epoca del bronzo, databili tra il 2000 e il 1200 a.C. Oltre 10.000 pali che si estendono su una superficie di circa 4500 mq, interessanti oggetti ornamentali e di uso quotidiano in ceramica, bronzo, selce, pietra, legno e ambra sono ora conservati nel nuovo museo pallafitticolo in riva al lago. Per la sua posizione tranquilla in mezzo alla valle verde, il Lago di Ledro è un frequentato luogo di soggiorno estivo, e fa fronte alle esigenze turistiche con una valida infrastruttura ricettiva. Molina, i cui abitanti si dedicavano nei tempi passati alla lavorazione del ferro, ha registrato in questi ultimi anni un progressivo sviluppo turistico. Varie possibilità per escursioni e gite si offrono verso Tremalzo, Tremosine e Limone, sfruttando strade ex militari, dato che la zona era territorio di confine fra Italia e Austria.
La Valle di Ledro è pure nota per i combattimenti che vi ebbero luogo nell'estate del 1866, quando le «camicie rosse» di Garibaldi riportarono una vittoria sugli Austriaci

Curiosità del luogo e dintorni

Le **palafitte** in riva al lago, dove accanto al nuovo museo, l'**Antiquarium** di Molina, eretto dalla Provincia di Trento assieme al **Museo di Scienze Naturali di Trento**, è stata ricostruita anche una capanna nelle forme che si presume avessero le abitazioni palafitticole. Il **santuario di Maria Assunta** a Barcesino, con un affresco di Giuseppe Craffonara, raggiungibile con una comoda passeggiata (min. 15).

Passeggiate ed escursioni

Al Pian di Pur, una bellissima conca, si può giungere con una strada lungo la riva sud-orientale del lago, min. 40. In altri 30 minuti da lì si arriva alla Malga Cita (anche in macchina). A Pieve di Ledro, situata all'estremità occidentale del lago, con una comoda e tranquilla passeggiata lungo la riva meridionale, ore 1.30. Al Passo di Tremalzo, 1694 m (v. Storo), bel punto panoramico, noto per la sua ricca e varia flora e per le buone possibilità di sport invernali; da Molina di Ledro risalendo la Val di Pur passando per la Malga Cita e la Malga Giù, ore 3.30 (facile); anche in macchina fino alla Malga Cita e da lì a piedi in ore 2. A Vesio, piccola frazione del comune di Tremosine, per sentiero che da Pur sale al Passo di Nota, 1384 m, e da lì attraverso la solitaria Valle di Bondo, seguendo la carrozzabile, ore 4 (facile).

PADENGE SUL GARDA

Comune (A 8), Prov. di Brescia, abitanti: 2.030, altezza s.l.m.: 127 m, CAP: I-25080. **Informazioni**: Pro Loco Padenghe. **Stazione ferroviaria**: Desenzano (Km 6,5).

Il centro di Padenghe, sovrastato da una collina fortificata, giace 1 Km a sud-ovest del Lago di Garda, nei pressi della baia di Desenzano. Nei dintorni di questa graziosa località valtenese si estendono oliveti e vigneti dalle cui uve si estrae tra gli altri il famoso vino rosso di Moniga. Questa località è un ideale luogo di villeggiatura poiché l'ambiente, nonostante i molti campeggi, non ha mutato l'atmosfera semplice e paesana non ancora contagiata dagli influssi massificanti del grosso flusso turistico.

Curiosità del luogo e dintorni

La **rocca** del X sec. con i rotondi bastioni e la quadrata torre. La piccola **chiesa romanica d S. Emiliano** (XII sec.). L'**Abbazia di Maguzzano** (Km 3 a sud) distrutta nel 922 dagli Ungari, in seguito riedificata (XII-XV sec.). La **via Crucis** (XV sec.) nei pressi della chiesa contenente affreschi.

Passeggiate ed escursioni

Per Moniga del Garda (Km 3,5) delizioso centro agricolo, sviluppatosi ultimamente in senso turistico. Notevoli sono gli imponenti avanzi della rocca medioevale; degna di nota è la villa Bertazzi dal porticato ricco di affreschi. Per Soiano del Lago (4 Km a nord) piccolo centro con i resti di una rocca dell'XI sec. Da quest'ultima passeggiata, lungo la strada asfaltata, si può apprezzare tutto il fascino del paesaggio collinare della Valtenesi.

PESCHIERA DEL GARDA

Comune (B-C 9), Prov. di Verona, abitanti: 8.470, altezza s.l.m.: 68 m, CAP: I-37019. **Informazioni**: Azienda di Promozione Turistica, Peschiera. **Stazione ferroviaria**: Peschiera.

Peschiera si trova al limite sud-orientale del Lago di Garda, là ove il Mincio, unico emissario, lascia le acque del lago. Per la sua notevole importanza strategica Peschiera è sempre stata al centro di contese nel corso dei secoli appartenendo a varie Signorie. Reperti archeologici locali testimoniano il popolamento di quei luoghi fin dalla preistoria; i romani denomineranno «Arilica» il già fiorente centro commerciale ed artigianale. Contese si ebbero nel medioevo, allorché Peschiera passò dagli Scaligeri ai Gonzaga, per passare da ultimo sotto le insegne di S. Marco nel XVI sec. I veneziani incaricarono Guidobaldo II della Rovere, Duca di Urbino ed il celebre architetto Michele Sammicheli della costruzione del castello, più tardi fortificato da Napoleone. Sotto il dominio austriaco Peschiera costituì, assieme a Verona, Legnago e Mantova uno dei pilastri del celebre assetto difensivo denominato «Quadrilatero». Al giorno d'oggi Peschiera è una frequentatissima stazione di soggiorno estivo in un vivace centro sviluppatosi all'esterno delle mura fortificate ed esteso lungo la riva del lago.

Curiosità del luogo e dintorni
I **resti della rocca**; il bastione pentagonale (2250 m di lunghezza). La «**palazzina storica**», l'ex Festung Kommando, costruita dagli Austriaci; qui una lapide ricorda l'incontro tra Vittorio Emanuele III ed i rappresentanti alleati, l'8 novembre 1917, nel corso del quale venne fissata la nuova linea difensiva sul Piave. Il **santuario della Madonna del Frassino** (Km 2,5) del XVI sec. ristrutturato all'inizio del secolo. All'interno troviamo una statua della Madonna alta 10 cm ed un dipinto di P. Farinati (XVI sec.). Nella **Via Crucis** del vicino convento si osservano affreschi su lunetta riproducenti episodi della vita di S. Francesco (XVII sec.). Il vicino **parco divertimenti di «Gardaland»** e il **Parco Giardino Sigurtà**, presso Valeggio sul Mincio.

Passeggiate ed escursioni
Lungolago e riva del Mincio a sud di Peschiera. Pista ciclabile Peschiera-Mantova, lungo la valle del Mincio.

Riva del Garda / Blick auf Riva del Garda

RIVA DEL GARDA

Comune (D 1), Prov. di Trento, abitanti: 13.609, altezza s.l.m.: 73 m, CAP: I-38066. **Informazioni**: Azienda di Promozione Turistica, Riva del Garda. **Stazione ferroviaria**: Rovereto (Km 21). **Impianti di risalita**: seggiovia

Sulla punta settentrionale del Garda sorge Riva, uno dei più grandi e celebri centri che si affacciano sul massimo lago italiano. Le due strade provenienti da Trento (attraverso la Valle del Sarca e da Rovereto-Mori) si allacciano qui alle due Gardesane (orientale ed occidentale). Percorrendo queste due ultime strade è possibile, nello spazio di un giorno, effettuare il giro completo del lago con splendide vedute panoramiche. Già in epoca romana Riva fu un importante «vicus» dipendente da Brescia ed apprezzato per la sua favorevole ubicazione strategica; più tardi il possesso di Riva fu conteso tra i principi vescovi trentini, gli Scaligeri veronesi, i Visconti di Milano ed i Veneziani. Il mutevole destino del borgo è testimoniato dagli edifici più significativi. Nel 1438 i Veneziani, con astuta manovra navale, battevano i Visconti assicurandosi il controllo dell'importante centro. Riva è oggi una elegante cittadina piena di vita, che si distingue per la mitezza del clima e per la sua struttura turistica in grado di offrire all'ospite tutte quelle comodità che rendono gradevole e riposante il soggiorno. La parte antica della città si addossa attorno al porticciolo, con severi palazzi dai bei porticati e vicoli stretti, mentre verso la foce del Sarca e verso Torbole ed Arco si sono innalzate nuove e moderne costruzioni.

Curiosità del luogo e dintorni

Centro della città è la **piazza 3 Novembre**, circondata dai **porticati** del '300, con il **palazzo Pretorio** del XIV secolo e il **palazzo Municipale** del '400. Sulla piazza si eleva la **torre Apponale**, alta 34 metri; costruita nel '200, innalzata alla odierna altezza nel '500, è diventata il simbolo di Riva. L'abside della **chiesa di San Rocco**, del XVI secolo, con affreschi e stucchi, che, a differenza del resto della chiesa, non fu distrutta dai bombardamenti della prima guerra mondiale.

La massiccia **rocca**, eretta nel XII secolo e più tardi ampliata dagli Scaligeri, dai Veneziani e dai principi vescovi di Trento. Nel cortile, a cui si accede per un antico ponte levatoio, sono conservati sarcofaghi romani e medioevali. Nei piani superiori ha sede il **Museo Civico** con raccolte archeologiche, geologiche e mineralogiche, documenti storici, una piccola pinacoteca, una sezione etnografica, armi, stampe e libri antichi.

La **chiesa dell'Inviolata** del primo Seicento; all'esterno notiamo le severe forme rinascimentali, mentre l'interno in stile barocco ha ricche decorazioni di stucchi in oro (opera di ignoto architetto portoghese). Sugli altari pale di Palma il Giovane; i dipinti murali sono opera di Pietro Ricchi e Teofilo Turri. Attualmente (1994), l'edificio è chiuso per restauro.

Passeggiate ed escursioni

Al Bastione, 212 m, i resti di una fortezza veneziana. Salendo per abetaie, dall'alto si gode un ampio panorama sulla conca di Riva e Torbole, min. 30. Al Monte Brione, 376 m, che tra Riva e il fiume Sarca si spinge come una prua fino alle sponde del lago; dalla cima, dove si trovano tuttora i resti di fortificazioni austriache, ampio panorama, ore 1 (anche in macchina).

Alla cascata del Varone (Km 4), dove si può ammirare l'acqua dell'omonimo torrente precipitare in una angusta gola con un salto di 80 metri. Alla chiesetta di Santa Barbara, 625 m, che si innalza sulla roccia del Monte Rocchetta.

Nelle vicinanze della chiesa un piccolo rifugio (chiavi presso la Sezione di Riva della SAT), ore 1.30 (facile). A Biacesa, in Val di Ledro, continuando da Santa Barbara e salendo per il sentiero che corre ai piedi del Monte Rocchetta, poi, scendendo attraverso un fitto bosco, a questo villaggio in posizione pittoresca, ore 4 (medio). Vedi anche carta turistica KOMPASS n. 101 «Rovereto-M. Pasubio».

SALÒ

Comune (A 6), Prov. di Brescia, abitanti: 10.140, altezza s.l.m.: 75 m, CAP: I-25087. **Informazioni**: Ufficio I.A.T., Salò. **Stazione ferroviaria**: Desenzano (Km 20). **Collegamento autobus**: con Desenzano, Brescia, Milano, Verona, Trento.

Protetta dai venti freddi del nord, Salò si adagia nel golfo omonimo, sulla riva occidentale del Garda; incomincia da qui la cosidetta «Riviera bresciana» che prosegue fino a Gargnano, caratterizzata da una lussurreggiante vegetazione mediterranea. In epoca romana la località aveva il nome di «Salodium»; nel Trecento divenne il capoluogo della riviera bresciana e della «Magnifica Patria»; dal 1425 al 1797, sotto il governo della «Serenissima», godette di ampi privilegi. Eleganti edifici testimoniano tutt'oggi del periodo di fioritura della città. Dopo l'8 settembre 1943, in Salò e in altre località del Garda ebbero sede comandi e ministeri della «Repubblica Sociale Italiana», detta appunto «Repubblica di Salò», come pure alti comandi militari tedeschi. Salò diede i natali nel Cinquecento a Gasparo Bertolotti, più noto come «Gasparo da Salò», l'inventore o quanto meno il perfezionatore del violino.

Curiosità del luogo e dintorni

Il **Duomo**, eretto nel '400 in stile gotico, mentre la facciata ha un portale rinascimentale del '500. Nell'interno preziose opere d'arte, tra cui dipinti di Paolo Veneziano, Gerolamo Romanino, Zenon Veronese, Palma il Giovane e Andrea Celesti. Nel coro crocifisso ligneo di Giovanni da Ulma (1449). Il **palazzo della Magnifica Patria** del XVI secolo conserva una ricca biblioteca con antichi manoscritti, incunaboli e codici. A Barbarano il **palazzo Martinengo**, fatto erigere dal marchese Sforza Pallavicino del '500.

Passeggiate ed escursioni

A Porto Portese: questo pittoresco villaggio di pescatori sulla riva meridionale del golfo di Salò ci offre uno sguardo stupendo sul golfo e sulla parte nord del Garda, min. 50 Al Santuario della Madonna del Rio, 177 m, passando per il paese di Renzano, ore 1. Un ampio panorama si gode ritornando a Salò e seguendo la strada che tocca i villaggi di Gazzane e Trobiolo, ore 1. Al Monte San Bartolomeo, 568 m, punto panoramico a nord di Salò; passato Renzano, si sale attraverso la solitaria Valle della Madonna del Rio, poi tenendo a destra, poco prima di Serniga, superato l'abitato di San Bartolomeo si perviene alla vetta. Per la via del ritorno è consigliabile scendere lungo il versante di Salò, da dove possiamo ammirare ampi panorami, in totale ore 3.30/4 (facile). Al Rifugio Spino, 1165 m, passando per Serniga e attraverso la verde Val di Sur, con sentiero dapprima pianeggiante e solo nell'ultimo tratto in salita, ore 4.30/5 (facile). Si può arrivare in macchina fino alla località di Verghere da dove poi si perviene al rifugio in ore 1.45 (facile).

Il lungolago di Salò / Die Seepromenade von Salò

SAN ZENO DI MONTAGNA

Comune (C 6), Prov. di Verona, abitanti: 1070, altezza s.l.m.: 250/1875 m, CAP: I-37010. **Informazioni**: Azienda Promozione Turistica San Zeno di Montagna. **Stazione ferroviaria**: Peschiera (Km 25). **Collegamento autobus**:con Peschiera, Verona. **Impianti di risalita**: seggiovie.

Fra prati e boschi verdeggianti e salubri pinete, lungo le pendici sud-occidentali del Monte Baldo, si estende San Zeno di Montagna. È raggiungibile da Torri del Benaco per mezzo di una strada, con numerose curve e tornanti (Km 9), da Garda (Km 11); a soli 14 Km dal casello autostradale di Affi (Autobrennero), a 38 Km da Verona. Già frequentato e conosciuto luogo di sog giorno estivo è da poco anche assurto a località di sport invernali per le buone possibilità sciistiche sia a Prada, dolce e verde conca a quota 1000, sia a Ortigaretta-Costabella. Da San Zeno si può ammirare tutto il Lago di Garda, il gruppo di Brenta, l'Adamello e perfino Venezia. Interessanti la flora e la fauna.

Passeggiate ed escursioni

A Castion Veronese (Km 4,5), dove in un ampio parco giace la barocca villa Pellegrini; raggiungibile per strada asfaltata in ore 1. A Pai sulla riva del lago, scendendo attraverso uliveti e vigneti, con bel panorama, min. 45. A Castelletto di Brenzone, partendo da San Zeno per strada asfaltata si arriva a Borno, poi sempre in dolce discesa a Biazza e quindi a Castelletto, ore 1. Al Rifugio Chierego, 1911 m: da Prada (Km 9 da San Zeno) alla Bocchetta di Naole e da lì, lungo la cresta della Costabella, al rifugio da cui si domina l'ampio bacino benacense: ore 3 (facile). Molto interessante è una gita in automobile per una strada panoramica che, da Torri del Benaco sale a San Zeno di Montagna e a Prada, per poi scendere con molte curve fino a Porto di Brenzone, fra Torri del Benaco e Malcesine. Gita questa anche molto istruttiva, poiché nel tragitto si passa da un paesaggio tipico mediterraneo al paesaggio alpino, per ritornare nuovamente alla ricca vegetazione che caratterizza le sponde del Benaco, godendo così di una fusione di elementi vari qui contemperati.

SIRMIONE

Comune (B 8), Prov. di Brescia, abitanti: 5.460, altezza s.l.m.: 68 m, CAP: I-25019. **Informazioni**: Azienda di Promozione Turistica, Sirmione. **Stazione ferroviaria**: Desenzano (Km 9). **Collegamento autobus**: con Desenzano, Brescia, Verona, Milano.

Dalla sponda meridionale del Garda, le cui colline moreniche ci danno il famoso vino bianco di «Lugana», si protende nel lago la penisola di Sirmione, per una lunghezza di circa tre chilometri, che crea una separazione ben delimitata fra il golfo di Desenzano e quello di Peschiera. La Sirmione di oggi, come il vicino abitato di Colombare, situato sulla terraferma, risalgono all'epoca romana, come testimoniano numerosi ritrovamenti archeologici. Catullo (87 - 54 a.C.) il poeta veronese cantore di Lesbia, soggiornò a Sirmione e le dedicò il famoso carme I. Oltre alla villa romana, impropriamente detta «Grotte di Catullo», sono venuti alla luce altri importanti resti di case romane patrizie anche sulle collinette di San Pietro in Mavino e di Cortine. La regina Ansa, moglie di Desiderio, Re dei Longobardi, vi fondò un monastero, e più tardi su questa penisola sorse un castello fortificato, da cui si poteva tenere sotto controllo una gran parte del lago. Dal XII secolo Sirmione, fino allora municipio indipendente, passò sotto la dominazione dei Signori della Scala e nel 1405 fu annesso alla Repubblica veneta fino al 1797. È luogo di villeggiatura e di cura, molto frequentato durante tutto l'anno. Dosando con saggezza il moderno all'antico, Sirmione ci dà una visione panoramica di come il vecchio borgo si trasformò in moderno centro di soggiorno. Alberghi lussuosi ed eleganti si alternano a vicoli stretti e a pittoresche piazzette. Con Punta San Vigilio si contende la fama di essere il posto più romantico e più fotografato del Garda. Come luogo termale è assai frequentato per la cura delle malattie reumatiche, dei disturbi delle vie respiratorie e delle affezioni dell'apparato uditivo. L'acqua solforosa della sorgente «Boiola», che scaturisce dal fondo lacustre a circa 300 metri a nord-est della penisola con una temperatura di 69 gradi, viene condotta in due moderni stabilimenti termali e in alcuni alberghi, che dispongono di attrezzature, ed usata per bagni, fanghi e inalazioni.

Curiosità del luogo e dintorni

La **rocca Scaligera**, che sbarra l'accesso alla penisola, fu eretta nel Trecento probabilmente da Mastino I della Scala e consisteva allora in un'ampia e massiccia costruzione che si innalzava dalle acque, rinforzata da torri angolari e con mura merlate. Nel primo cortile interno si eleva il mastio di circa 40 metri (ampio e sconfinato panorama dalla sommità). Inoltre vi si trova una interessante raccolta di materiale archeologico del periodo romano e medioevale. La **chiesa di Santa Maria Maggiore** del '400 possiede un bel protiro di cui una colonna è formata da una pietra miliare del IV secolo. Nell'interno affreschi, dipinti e intagli lignei del XV e XVI secolo. Caratteristico il campanile. «**Grotte di Catullo**» sono impropriamente chiamati i grandiosi **resti di una villa romana** del primo periodo imperiale, posti all'estremità settentrionale della penisola. È finora la più grande villa romana rinvenuta nell'Italia settentrionale e conserva affreschi sia del I secolo a.C. sia del II secolo d.C., nonché funzionali impianti termali, l'acquarium ed altre diverse sale molto interessanti. Dal terreno circostante questa zona archeologica, estesa per 23.000 mq, terreno tutto piantato ad uliveti, si può ammirare un'ampia veduta sul Benaco. La **chiesa di San Pietro in Mavino**, costruita nell'VIII secolo, fu poi restaurata nell'XI e nel XIV secolo. Nell'interno affreschi di varie età fra il '200 e il '500. Da visitare ancora i resti del **tempio di S. Salvatore** dell'VIII secolo, a tre absidi, e con dipinti murali del IX e del XIV secolo.

La Rocca Scaligera (1300 ca.) / Wasserburg „Rocca Scaligera" (um 1300)

TIGNALE

Comune (C 4-3), Prov. di Brescia, abitanti: 1265, altezza s.l.m.: 65/1560 m, CAP: I-25080. **Informazioni**: Pro Loco, Gardola di Tignale. **Stazione ferroviaria**: Desenzano (Km 45). **Collegamento autobus**: con Desenzano, Brescia, Milano.

Tra Campione e Gargnano, sulla Gardesana occidentale, si stacca una strada che attraverso vigneti e uliveti e passando ai piedi di alte, scoscese rocce nella stretta forra del Rio Piovere, sale all'ameno altipiano del Comune di Tignale, composto dalle 6 frazioni di Gardola (sede comunale), Olzano, Aer, Oldesio, Prabione, Piovere. Dal belvedere si apre sotto di noi un paesaggio meraviglioso; quasi sospesi, possiamo ammirare 500 metri più in basso, lo specchio del Garda e lo snodarsi della Gardesana bresciana. La zona è collegata con l'altipiano di Tremosine per una stupenda strada che offre ampie vedute sul Garda. A Tignale esistono molte possibilità di passeggiate e escursioni, specialmente consigliabili quelle che, attraverso il tipico paesaggio gardesano, si snodano lungo i bordi così da permetterci di ammirare il Benaco. L'intera area comunale fa parte del recente Parco dell'Alto Garda Bresciano, istituito nel 1989 e comprendente nove comuni della sponda bresciana del Garda.

Curiosità del luogo e dintorni

Il **Santuario della Madonna di Monte Castello** (Km 1,5 da Gardola) si innalza a quota 691 sopra l'estremo sperone di una roccia, che precipita perpendicolarmente sul lago (panorama). La chiesa, costruita nel XIII e XIV secolo, fu più tardi rifatta e conserva nell'interno un affresco del '300 e dipinti vari di Andrea Celesti.

Passeggiate ed escursioni
A Prabione, piccolo villaggio sopra la Valle di San Michele, min. 20 da Gardola. A Campione del Garda, ex centro industriale sulla sponda del Benaco, dalla Madonna di Monte Castello con una strada dapprima pianeggiante, poi in ripida discesa, ore 1.30. A Porto di Tignale, pittoresco abitato sulla riva del Garda, con vecchie case e antiche limonaie, si giunge da Oldesio con una ripida discesa, ore 1.30. A Gargnano, per un sentiero incantevole che passa a mezza costa sopra la Gardesana e raggiunge il centro attraverso oliveti e ai piedi di pareti rocciose. Da Gardola, passando per Oldesio, si attraversa la profonda forra del Piovere e si tocca l'abitato omonimo; da lì passando per Muslone, si giunge a Gargnano, ore 3. A Costa, piccolo paese montano situato in una laterale della Valle Toscolano; partendo da Gardola per una strada già militare si giunge al Dosso Piemp, 1207 m, poi lungo la cresta fino al Passo d'Ere, 1131 m, e indi, valicando il Passo della Colomba, 1109 m, si arriva a Costa; è una gita interessante perché attraversa zone ancora solitarie e vergini. Da Costa con una strada asfaltata si può scendere a Gargnano e quindi tornare a Tignale, ore 4/5 da Tignale a Costa (facile).

TORBOLE

Frazione del Comune di Nago-Torbole (D 1), Prov. di Trento, abitanti: 980 (2.319 l'intero Comune), altezza s.l.m.: 65/2078 m, CAP: I-38069. **Informazioni**: Azienda di Promozione Turistica, Torbole. **Stazione ferroviaria**: Rovereto (Km 18). **Collegamento autobus**: con Riva, Rovereto, Trento, Verona.

Avvicinandosi al Lago di Garda, proveniendo da Rovereto, dalle alture di Nago lo sguardo spazia sulla parte nord del Benaco, rinchiusa fra alte pareti rocciose. Scendendo, la prima località in riva al lago che noi incontriamo, è Torbole, uno dei più conosciuti luoghi di soggiorno estivo del Garda. Vecchie e variopinte case e moderni alberghi contornano il pittoresco porticciolo da dove inizia il lungolago. Anche Goethe, nel settembre del 1786, si trattenne per alcuni giorni a Torbole e l'amministrazione municipale, interprete dei sentimenti della popolazione, gli eresse un busto marmoreo a ricordo. Circa un chilometro a sud di Torbole sbocca nel Benaco la galleria Adige-Garda, con la quale si possono disciplinare le piene dell'Adige che può così scaricarsi nel lago. A Nago posto sopra Torbole, sono venuti alla luce numerosi reperti archeologici che testimoniano insediamenti preistorici in questo territorio. Nago e Torbole, che oggi formano un unico comune amministrativo, sono noti anche per una originale impresa della storia militare.
Nel XV secolo i Veneziani e i Visconti di Milano si contendevano il dominio sull'alto Garda e il basso Sarca, e quando sembrava che i Milanesi avessero la meglio, i Veneziani nel 1438 portarono dall'Adige a Torbole una piccola flotta di 30 imbarcazioni, tirate per via terra da centinaia di paia di buoi. Messa in acqua, questa flotta fu sufficiente per battere le soldatesche viscontee e, con un attacco a sorpresa, i Veneziani occuparono Riva del Garda che da allora rimase in loro stabile possesso.

Torbole

Curiosità del luogo e dintorni
Le rovine di **castel Penede** si innalzano nei pressi di Nago (min. 10) su uno sperone roccioso, dominante il Garda. Il maniero fu dei conti di Arco, cui seguirono i Castelbarco, i Veneziani e di nuovo gli Arco, finché nel 1703, durante la guerra di successione spagnola fu distrutto dalle truppe del generale Vendôme. La **parrocchiale di San Vigilio** a Nago (XVII secolo) ha un bel portale del '500 e un campanile romanico. Al di sotto della strada che da Nago scende a Torbole sono visibili gli impressionanti pozzi glaciali, detti anche «**marmitte dei giganti**»; furono formati dai ghiacciai durante il periodo quaternario e se ne trovano lungo tutto il fianco orientale della Valle del Sarca, a cominciare da Padergnone.

Passeggiate ed escursioni
Tenendosi sopra la strada statale, una passeggiata collega Nago e Torbole, attraverso un nudo pendio roccioso sul quale sorge il villaggio turistico «Eu ropa», che ci permette di ammirare suggestive vedute sulla parte nord del Garda, min. 30. Al Rifugio Altissimo «Damiano Chiesa», 2060 m, posto nelle immediate vicinanze del Monte Altissimo di Nago, si giunge seguendo il Sentiero della Pace, che sale sulle pendici nord-occidentalei del monte; l'Altissimo è uno splendido punto panoramico, ore 4.30 (facile). Alla Malga Casina 983 m, nelle cui vicinanze sorge la chiesa del Sacro Cuore, costruita durante la prima guerra mondiale dai soldati italiani, qui appostati. Vi si giunge da Nago, passando per la Malga Zures, dove dal 1916 al 1918 avennero furiosi combattimenti fra Italiani e Austriaci, ore 2.30 (facile).

TORRI DEL BENACO

Comune (B 6), Prov. di Verona, abitanti: 2.430, altezza s.l.m.: 67 m, CAP: I-37010. **Informazioni**: Azienda di Promozione Turistica, Torri del Benaco. **Stazione ferroviaria**: Peschiera (Km 25). **Collegamento autobus**: con Peschiera, Verona, Riva.

Questo centro è molto pittoresco ed ha conservato nelle sue vie e nelle sue case l'antico aspetto medioevale e romantico. Noto già ai Romani quale «Castrum Turrium», Torri del Benaco divenne nel IX secolo il capoluogo del Consiglio benacense che contava 18 comuni rivieraschi. Un servizio di navi traghetto collega Torri a Maderno sulla sponda occidentale del lago.

Curiosità del luogo e dintorni
Castello Scaligero del '300 nei pressi del porticciolo, **Museo**. La **chiesetta Santa Trinità** con affreschi della scuola di Giotto. Rione romano ben conservato, nelle vicinanze della chiesa parrocchiale, chiamato «**Il Trincerone**».

Passeggiate ed escursioni
Ad Albisano, 376 m, in bellissima posizione sul pendio che sovrasta Torri; vi si giunge per un ripido sentiero attraverso oliveti, min. 50. Al Monte Are, 381 m, che forma lo sperone montuoso la cui estremità è costituita dalla famosa Punta San Vigilio (v. Garda); da Torri passando in quota sopra la Gardesana, attraverso campi e vigneti, min. 30. A Pai, frazione 6 Km a nord di Torri con cui è collegata per mezzo di una mulattiera che passa per Crero, ore 1.45. A San Zeno di Montagna, 700 m, da Torri, passando per Albisano, con un'ampia e panoramica strada, ore 2.

TOSCOLANO-MADERNO

Comune (A-B 5), Prov. di Brescia, abitanti: 6.800, altezza s.l.m.: 80 m, CAP: I-25088. **Informazioni**: Azienda di Promozione Turistica, Maderno. **Stazione ferroviaria**: Desenzano (Km 28). **Collegamento autobus**: con Desenzano, Brescia, Riva.

Sul promontorio che il torrente Toscolano, con un lavoro di millenni, ha formato lungo la sponda occidentale del Garda, giacciono le due località di Toscolano e di Maderno, che oggi costituiscono un unico comune amministrativo. Sembra che Toscolano sia stato l'antico abitato di «Benacum» dei Romani, da cui prese nome il lago; l'insediamento romano è testimoniato da molti ritrovamenti archeologici, e degli storici propendono nell'asserzione che questo villaggio sia stato in seguito distrutto da un'alluvione. Maderno invece, dal IX al XIV secolo fu capoluogo della Riviera bresciana e sede estiva dei principi Gonzaga di Mantova. Passò poi sotto il dominio veneto che ebbe termine nel 1797.
Fin dal Trecento vi fiorì una importante industria cartaria; nelle frazioni di Cecina e di Messaga sorsero le prime stamperie da cui uscì nel 1487, anche la bibbia che servì a Martin Lutero per la sua traduzione in lingua tedesca. L'industria cartaria è tuttora un fattore assai importante per l'economia della zona, anche se attualmente sia Toscolano che Maderno sono diventati conosciuti e frequentati centri turistici. Da segnalare che un traghetto trasporta le macchine da questo porto a quello di Torri del Benaco sulla sponda veronese. Il territorio comunale costituisce parte del recente Parco dell'Alto Garda Bresciano, istituito nel 1989.

Curiosità del luogo e dintorni

La romanica **chiesa di S. Giovanni** (già S. Andrea) a Maderno, del XII secolo, possiede una severa facciata e un bel portale scolpito. Nell'interno conserva interessanti capitelli e sculture in pietra di epoca longobarda e la criptà con pietra tombale romana. La **parrocchiale di S. Andrea** a Maderno è del '700 con dipinti di Paolo Veronese e Andrea Celesti. La **Chiesa dei SS. Pietro e Paolo** a Toscolano (XVI secolo) ha il portale barocco. Nell'interno conserva sculture lignee del '500 e dipinti del Brusasorci e di Andrea Celesti che vi visse tra il 1688 e il 1700, probabilmente esiliato da Venezia, e che lasciò molte opere in queste zone. Nelle immediate vicinanze sor-ge la chiesetta della **Madonna del Benaco** con affreschi del '500. A Toscolano inoltre si possono vedere i resti di un'antica **villa romana** con bei mosaici policromi.

Passeggiate ed escursioni

A Maclino (ampio panorama), da Maderno, min. 30. Un giro suggestivo a piedi si può compiere, partendo da Maderno e passando per i villaggi di Maclino, Vigole e Sanico fino a San Martino, per poi ritornare a Maderno, ore 1.30/2. A Gaino, 301 m, con una carrozzabile che s'inizia a Toscolano e che passa davanti al pittoresco santuario della Madonna di Gaino, ore 1. Da qui si può fare una tranquilla passeggiata attraverso le pendici del Monte Castello di Gaino fino a Navazzo (v. Gargnano). È consigliabile effettuare questa passeggiata nel pomeriggio quando la sponda veronese è insolata, ore 2. A Messaga, partendo da Toscolano per

Veduta su Maderno e sulla possente dorsale del monte Baldo / Blick auf Maderno und den wuchtigen Rücken des Monte Baldo

una carrozzabile, min. 50. Poi con un sentiero pianeggiante si raggiunge Bogliaco. Al Monte Lavino, 907 m: passando per San Martino e Sanico e attraversando l'alta Valle di Vesegna, si arriva alla vetta da cui ampio panorama, ore 2.30 (facile). Al Monte Pizzocolo, 1582 m, stupendo punto panoramico su quasi tutto il bacino del Benaco; da Toscolano, raggiunta la frazione di Gaino, si prosegue per la Valle delle Camerate fino al ponte (Km 7 circa), anche in macchina. Da lì, continuando per la Valle di Campiglio, si giunge al Passo dello Spino, dove c'è un bivio. Prendendo a sinistra si prosegue per il Monte Pizzocolo (m 1582), mentre andando a destra si può raggiungere il Rifugio Spino.
Da Maderno, si può raggiungere il Monte Pizzocolo (m 1582), seguendo la strada per Maclino, Vigole, Sanico (anche in macchina); da qui iniziano le indicazioni per arrivare alla vetta del monte, ore 4 circa.

TREMOSINE

Comune (C 2), Prov. di Brescia, abitanti: 1.861, altezza s.l.m.: 65/1976 m, CAP: I-25010. **Informazioni**: Pro Loco Pieve di Tremosine. **Stazione ferroviaria**: Desenzano (Km 52). **Collegamento autobus**: con Desenzano, Brescia, Milano.

Da Limone con una percorrenza di 13 Km o da Campione (Km 6), lasciando la strada che congiunge Riva con Gardone, si arriva all'altipiano di Tremosine su cui sorgono le 17 frazioni che formano il Comune amministrativo. La posizione è forse la più spettacolare per ammirare in tutta la sua ampiezza e bellezza il meraviglioso lago di Garda. La zona, come in genere tutte le rive del lago, fu già abitata in periodo romano e ne abbiamo testimonianze dai numerosi reperti che sono venuti alla luce. Nei pressi della chiesa della frazione di Voltino è stata rinvenuta una lapide con iscrizione latina ed etrusca che rappresenta la più importante testimonianza di insediamenti etruschi sul Garda. Tremosine e il suo territorio sono compresi nell'area del **Parco dell'Alto Garda Bresciano**, istituito nel 1989.

Curiosità del luogo e dintorni

La **parrocchiale di Pieve**, una delle 17 frazioni, eretta nel XII secolo, poi rifatta intorno alla metà del '600. Della costruzione originale rimane solo il campanile con rilievi medioevali dell'VIII secolo. Nell'interno, affresco cinquecentesco nella cupola ed intagli lignei del '700. Nel muro di cinta del Sagrato è collocata un'ara funeraria del III sec.

Passeggiate ed escursioni

Una bella e comoda passeggiata di circa 13 Km fa il giro tutt'attorno all'altipiano di Tremosine: da Pieve si giunge a Pregasio, da dove si può ammirare il Garda; da lì a Polzone e poi a Vesio e dopo, con vista nella stretta forra del rio Brasa si ritorna a Pieve. A Campione in riva al lago si giunge da Pregasio, ore 1.15. Al Monte Caplone, 1976 m, la cima più alta delle Prealpi bresciane tra i laghi di Idro e di Garda: partendo da Vesio si passa per Polzone e San Michele (Km 5, anche in macchina); da qui per una vecchia strada militare si sale alla cresta del Monte di Mezzo e, toccando la Malga di Lorina e la Bocca di Lorina, si giunge alla vetta, da San Michele, ore 3.30/4 (medio). Al Passo di Tremalzo, 1694 m, pure partendo da San Michele, ore 3.30/4 (medio). Al Passo di Tremalzo, 1694 m, pure partendo da San Michele (v. sopra) e per la cresta del Monte di Mezzo; deviando quindi a destra e passando per il Passo della Cocca, 1461 m, si giunge a Tremalzo (vedi Storo), ore 3.30.

Elenco dei numeri telefonici dei più importanti rifugi e alberghi alpini:

Numeri tratti dall'elenco abbonati 1994/95.

Monte Baldo	Telefono	
Altissimo Rifugio (Damiano Chiesa)	(0464) 867130	
Baita dei Forti Ristorante	(045) 7400319	
Bocca di Navene Locanda	045) 7401794	
Cedron Rifugio	(045) 6247162	
Fos-ce Rifugio	(0464) 684946	
Graziani Albergo-Ristorante	(0464) 867005	
Kira Ristoro	(045) 7401540	
Monte Baldo Rifugio	0464) 391553	
Novezza Rifugio	(045) 6247022	
Telegrafo Rifugio (Giovanni Pola)	(045) 7731797	
Alpi di Ledro		
Ampola Locanda	(0464) 596115	
Garda Rifugio	(0464) 598105	
Gruppo Caplone Pizzocolo		
Cavallino Rifugio	(0365) 750065	
Elenco delle Associazioni Turistiche		
Bagolino	(0365) 99904	
Bardolino	(045) 7210078	7210872
Brentonico	(0464) 395149	
Brenzone	(045) 7420076	
Desenzano del Garda	(030) 9141510	9144209
Garda	(045) 7255194	
Gardone Riviera	(0365) 20347	
Idro	(0365) 83224	
Lazise	(045) 7580114	7580573
Limone sul Garda	(0365) 954070	954265
Malcesine	(045) 7400555	
Molina di Ledro	(0464) 508757	
Peschiera	(045) 7550381	7551103
Riva del Garda	(0464) 5544440	
Salò	(0365) 21423	
San Zeno di Montagna	(045) 7285076	
Sirmione	(030) 916114	916222
Storo	(0465) 685033	
Torbole	(0464) 505177	
Torri del Benaco	(045) 7225120	
Toscolano Maderno	(0365) 641330	

Herbst am Gardasee / Autunno sul lago di Garda ▶

The KOMPASS guide in English is printed on the back of the map.

KOMPASS-LEXIKON

Die KOMPASS-Wanderkarte 1 : 50.000, Blatt 102, „Lago di Garda - Monte Baldo", umfaßt außer dem Gardasee selbst den östlichsten, zwischen Idro- und Gardasee gelegenen Teil der lombardischen Voralpen, einen Teil der Alpen von Ledro, im Osten des Gardasees die Monte-Baldo-Kette, einen Teil des Etschtals und am rechten, unteren Kartenrand die westlichen Ausläufer der Monti Lessini. Politisch gehört das Gebiet zu drei Provinzen und zugleich zu drei Regionen: das Westufer des Gardasees von Limone an, einschließlich der Halbinsel Sirmione, und das westlich davon gelegene Gebiet gehören zur Provinz Brescia (Lombardei), das Ostufer südlich Malcesine und das Gebiet östlich davon zur Provinz Verona (Venetien), während der nördlichste Zipfel des Gardasees, die Gegend um den Ledrosee, der Monte Baldo nördlich der Bocca di Navene und das Etschtal bis Avio zur Provinz Trento (Trentino-Südtirol) gehören.
Schmal und von steilen, oft kahlen Felswänden umgeben ist der Gardasee im Norden, während er sich in seinem südlichen Teil, wo ihn sanftere Moränenhügel umschließen, zu einigen Buchten ausweitet. Seine Entstehung geht auf den Ausschliff durch einen Quartär-Gletscher zurück, der - ein Seitenarm des großen Etschgletschers - an beiden Ufern bis auf 700 m Höhe Schutt und Terrassen und im Süden die Moränenablagerungen hinterließ, die sich von Salò im Westen bis zur Punta San Vigilio im Osten ausdehnen und in denen man auch Porphyr und Granitgestein finden kann, das aus dem oberen Etschtal hierhergeführt worden ist. Während die Kalk-Dolomit-Gipfel der Brescianer Alpen zwischen Idro- und Gardasee, die im 1976 m hohen Monte Caplone gipfeln, ein echt kompliziertes Gebirgssystem bilden, hat der Monte Baldo, dessen höchster Gipfel die Cima Valdritta (2218 m) ist, einen gerade verlaufenden, klar ausgeprägten Kamm. Dieses Massiv, das oben aus Jura, darunter aus manchmal an die Oberfläche tretendem Dolomit- und Triasgestein besteht, fällt nach Westen hin mit steilen, nackten Felsen ab. Im Osten hat es dagegen sanfte Hänge und kleine, in Längsrichtung verlaufende Hochflächen, die von einer Vorkette begrenzt werden, die ihrerseits meist senkrecht zum Etschtal hin abfäll. Im Monte Baldo kommen auch viele Marmorarten vor, und in diesem Gebiet können häufig seismische Bewegungen registriert werden. Der einzige bedeutende Zufluß des 51,6 km langen, zwischen 3 und 17,5 km breiten, bis 346 m tiefen und 370 qkm großen Gardasees, des ausgedehntesten und blauesten der italienischen Seen, ist der Sarca, der - aus der Presanella kommend - im Norden zwischen Riva und Torbole mündet. Einziger Abfluß ist der Mincio, der den See im Süden, in Peschiera, verläßt. Von den aus dem Wasser aufragenden Felsklippen und größeren und kleineren Inseln ist nur die Insel Garda bewohnt. Der Idrosee der 10 km lang, 1 bis 2 km breit, bis 122 m tief ist und eine Oberfläche von 11 qkm hat, wird vom Chiesebach gebildet, der in der Adamello-Gruppe entspringt. Vom Ponalebach wird der Ledrosee geformt, der 2,1 qkm groß ist und durch die Pfahlbauten aus der Bronzezeit, die an seinen Ufern entdeckt wurden, berühmt geworden ist. Besondere Phänomene, die der Wassersportler berücksichtigen sollte, sind die verschiedenen Winde, die auf dem Gardasee - die Italiener nennen ihn, „Lago di Garda" oder auch „Benaco" - oft plötzlich auftreten und zu gefährlichen Stürmen mit heftigem Wellengang werden können. Die wichtigsten sind: die „Ora", die ab zehn Uhr vormittags von Südosten nach Nordwesten weht; der „Sovèr" der vom Sarcatal gegen Süden weht; der „Ander" ist ein ziemlich heftiger Südwestwind; die „Vinessa", ein kalter, oft

feuchter Südostwind. Eine den Gezeiten ähnliche, plötzliche Schwankung der Wasseroberfläche sind die „Sesse", während mit „Corrif" starke Strömungen bezeichnet werden, die vor allem im südlichen Teil unter Wasser auftreten.

Flora und Fauna

Da die Wassermenge des Gardasees als Wärmespeicher wirkt, zeichnen sich die Ufer durch ein besonders mildes Klima aus (die mittlere Jahrestemperatur liegt in Salò bei 13,3, in Riva bei 12,6 Grad). Wegen dieser günstigen klimatischen Verhältnisse gedeiht an seinen Ufern eine üppige Mittelmeervegetation. Hier wachsen Zypressen, Steineichen, Zedern, Lorbeerbüsche, Magnolien, Agaven, Oleander und Rosmarin, und mit Erfolg werden Weinreben, Ölbäume und Zitronen angepflanzt. Auf dem Monte Baldo treffen alpine und mediterrane Flora aufeinander. Der Berg ist als „Orto d'Italia", d.h. Garten Italiens bekannt und wurde schon im XVI Jh. von Botanikern zu Studienzwecken aufgesucht und erforscht. Da der Berg von der letzten Vereisung ausgeschlossen war, sind hier - wie im übrigen auch am Tremalzo-Paß südlich des Ledrosees - einige Endemismen erhalten, d.h. Pflanzen, die sonst nirgends mehr auftreten. Sonst trifft man auf dem Monte Baldo auf Eichen, Kastanien, Birken, Fichten, Lärchen und schöne Buchenhaine, und es blühen dort Orchideenarten, Hahnenfußgewächse, Lilien, Alpenrosen und Enziane. Sehr fischreich ist vor allem der Gardasee, der mehr als 20 Fischarten aufweist, Forellen, Schleien, Hechte, Sardellen, Barben, Blaufelchen und die als „carpione" bekannte Gardaseeforelle. Die Bergfauna ist wie die anderer gleichartiger Gebiete.

Die Biotope

Immer mehr wird die Notwendigkeit wahrgenommen, die Schutzmaßnahmen, denen die provinzialen und nationalen Naturparks unterstellt sind, weiter auf all jene Gebiete auszudehnen, wo Pflanzen und Tiere noch die für sie notwendigen Lebensbedingungen vorfinden, trotz der stark voranschreitenden Umweltverschmutzung. Mit diesem Leitgedanken hat die Autonome Provinz Trient (so wie auch jene von Bozen) Schutzzonen bestimmt, Biotope genannt, die diese wichtigen Voraussetzungen aufweisen. Die Aufsichtsbehörden für Parks und Staatsforste beschäftigen sich seit Jahren mit dem Schutz und dem Studium dieser Feuchtgebiete in der Region, besonders dort, wo es gilt charakteristische Organismen wie Wasserpflanzen, Insekten, Vögel und seltene Tiere zu erhalten. Um mögliche Schäden und Veränderungen zu vermeiden, wurden für die 68 Biotope der Provinz eigene Schutzmaßnahmen erlassen. Ein Biotop stellt sich gewöhnlich als Feuchtgebiet dar, meist als Folge von versumpften Seen und Tümpeln, von toten Flußwindungen oder karstigen Erosionsbecken, in denen das stagnierende Wasser eine üppige und artenreiche Flora hervorgebracht hat; unzersetzte Reste von Wasserpflanzen sedimentierten und bildeten so eine dicke Torfschicht. Die Biotope befinden sich demnach meist an Seen und sind das natürliche Ergebnis der an den Wasseroberflächen erfolgten Veränderungen, die mit der Zeit zum gänzlichen oder teilweisen Austrocknen der Wasserbecken, zur Veränderung der Flußläufe oder deren Wasserführung führte. Diese interessante Arbeit der Bestimmung und des Schutzes ist noch nicht abgeschlossen und hat bis jetzt zur Wahrung und Aufwertung genannter Feuchtgebiete geführt; diese sind ordnungsgemäß in den Katasterbüchern der Provinz eingetragen und werden mittels geeigneter Faltblätter, die direkt von den Aufsichtsbehörden der Autonomen Provinz Trento herausgegeben werden, bekannt gemacht. Diese Faltblätter erklären die interessanten Eigenheiten des Biotops, seine

Geschichte, seine Auffindung, die territorialen Abgrenzungen, und gibt Empfehlungen für ein besseres Verstehen und Schützen dieser Gebiete. Das Benehmen der Besucher ist ausschlaggebend für einen guten Erfolg der naturalistischen Vorhaben, die diese Initiative ins Leben gerufen haben. Die von der Parkbehörde erlassenen Vorschriften sind im Faltblatt angeführt und lauten wie folgt:

- Beim Besuch des Biotops nicht die vorgezeichneten Straßen und Wege verlassen, man verscheucht die Tiere und beschädigt die Pflanzen.
- Nur zu Fuß den Biotop betreten; dies ist die beste Art ihn kennenzulernen.
- Unnötige Geräusche vermeiden, keine Radios oder Tonbandgeräte einschalten, man stört nicht nur die Tiere, sondern auch die anderen Besucher.
- Keine Gegenstände liegenlassen, Papier und Abfälle verunreinigen die Umgebung, während Zigarettenstummel die größte Gefahr für Brände darstellen.
- Keine Pflanzen oder Blumen pflücken und die Tiere nicht stören; im Biotopgebiet sind sie streng geschützt.
- Nimm ein Lehrbuch über Pflanzen und Tiere mit, so kannst Du viele von ihnen bestimmen.
- Ein Fernglas, ein Vergrößerungsglas und den Fotoapparat nicht vergessen, sie helfen beim Kennenlernen des Biotops und hinterher kannst Du deine ,,Eroberungen" zu Hause nochmals betrachten.

Geschichte

Recht dicht besiedelt sind die Gardaseeufer, und vor allem in der unteren Hälfte reiht sich Ort an Ort. Nur wenige Dörfer dagegen liegen in den Gebirgen sowohl westlich als östlich des Gardasees, und die im Etschtal liegenden Orte, die auf dieser Karte zu sehen sind, haben kaum touristisches Interesse - auch wenn sie in der Vergangenheit wegen ihrer Lage oberhalb der ,,Veroneser Klause" eine strategische Bedeutung hatten. Sie waren Schauplatz geschichtlicher Ereignisse während der Völkerwanderung bis hin zur Zeit Napoleons und bis zum vergangenen Jahrhundert. Bewegt ist die Geschichte, die sich um den Gardasee abgespielt hat. Schon in vorgeschichtlicher Zeit befanden sich in diesem Gebiet Pfahlbausiedlungen, von denen vor allem am Ledrosee und in der Moränenarena im Süden bedeutende Reste ans Tageslicht gekommen sind. Nach ligurischen und wahrscheinlich auch venetischen Stämmen kamen die Etrusker an den See, dann im 4. Jahrhundert v. Chr. die Gallier. Ihnen folgten die Römer, von deren Anwesenheit noch viele archäologische Funde in zahlreichen Orten zeugen. Auch der ursprüngliche Name des Gardasees - ,,Benacus" nämlich - soll auf eine römische Stadt gleichen Namens zurückgehen, die an der Stelle des heutigen Toscolano gestanden, aber durch eine verheerende Überschwemmung zerstört worden sein soll. Es folgten Langobarden und Franken, die die Macht der Veroneser Bischöfe stärkten, während später Brescia an Bedeutung gewann und seinen Einflußbereich bis an das Gardaseeufer ausdehnte. Im Mittelalter genossen die Uferorte bedeutende Privilegien und Selbstverwaltungsrechte, die ihnen von den Scaligern, den Visconti, den Grafen d'Arco, den Grafen Lodron und anderen Adelsfamilien immer wieder streitig gemacht wurden. Im 15. Jahrhundert lieferten sich die Mailänder Visconti und die Venezianer erbitterte Kämpfe, und der ,,Serenissima" gelang es, bis 1797 einen großen Teil des Gardasees in ihrer Hand zu behalten. Nach Napoleons Sturz an Österreich übergegangen, wurde das Gebiet während des Italienischen Einigungskriegs mehrmals zum Kriegsschauplatz: 1859 fanden die Schlachten bei San Martino und Solferino statt, bei denen die Österreicher geschlagen wurden, und 1866 drangen die von Garibaldi angeführten Freischaren aus der Lombardei kommend durch das

Chiesetal und das Ampolatal bis an den Ledrosee vor. Im ersten Weltkrieg gab es vor allem am nordöstlichen Monte Baldo harte Stellungskämpfe, bis das ganze Gebiet 1918 zu Italien kam. Während des zweiten Weltkriegs gründete Mussolini nach dem 8. September 1943, an dem der Waffenstillstand zwischen Italien und den Alliierten bekanntgegeben worden war, die sogenannte „Republik von Salò", die ihren Sitz in den Orten der Brescianer Riviera am Gardasee-Westufer hatte.

Fremdenverkehr

Schon die Römer zog es an den Gardasee, und die Reste großartiger römischer Villen, die ans Tageslicht gekommen sind, zeugen von ihrer Vorliebe für die Landschaft und das Klima dieser Gegend. Jahrhunderte später taten es ihnen Adelsfamilien vor allem aus Verona und Mantua nach, die am Seeufer prächtige Villen und Paläste als Sommersitze errichteten. Mit einem Schlag auch im Norden berühmt wurde der „Benaco", als Goethe ihn in der „Italienischen Reise" beschrieb. Und ihm, dem ersten Touristen im modernen Sinn, folgen alljährlich Tausende von Fremden, überwiegend aus Mittel- und Nordeuropa. Den Anschluß an die modernen Möglichkeiten des Fremdenverkehrs brachten die beiden herrlichen Uferstraßen, die - als „Gardesana occidentale" im Westen und als „Gardesana orientale" im Osten - in den Jahren 1932 bzw. 1929 eröffnet wurden. So kann man den See umfahren und herrliche Ausblicke genießen. Sie ersetzten die langsamen Verkehrsverbindungen, die bis dahin auf dem Wasserwege vor sich gegangen waren oder auf unbequemen Saumpfaden über die Berge geführt hatten. Zuerst wurde vom Fremdenverkehr das Westufer „entdeckt", wo auch heute noch viele elegante Hotels von grünen Parkanlagen umgeben, aufeinander folgen. Einen ländlicheren Charakter dagegen hat sich das Ostufer bewahrt, das von Scaligerburgen, romanischen Kirchen und pittoresken Fischerhäfen charakterisiert wird. Das Südufer zwischen Desenzano und Peschiera dagegen ist - außer Sirmione - vom Fremdenverkehr noch nicht überlaufen. Seit kurzer Zeit werden - im Sommer als Wandergebiet und noch mehr im Winter als Skilaufgelände - der Tremalzo-Paß südlich des Ledrosees und der Monte Baldo touristisch gefördert, und die fast unzugänglichen Westhänge dieser isolierten Bergkette werden durch eine Seilbahn, die von Malcesine bis fast auf den Kamm führt, überwunden. Wassersport jeder Art kann in allen Uferorten betrieben werden. Der Gardasee verfügt außerdem über Schiffahrtslinien; Dampferschiffe verbinden alle Uferorte miteinander und Fährschiffe legen ebenfalls in den wichtigsten Orten an. Eine Autofähre verbindet Maderno am Westufer mit Torri del Benaco an der Ostseite. Während der Fremdenverkehrssaison leben in vielen Orten für die Touristen alte Überlieferungen und Bräuche auf, und in zahlreichen Dörfern finden regelmäßig Wochenmärkte statt. In den meist besuchten Orten werden Konzerte, Theaterabende, Kunstausstellungen, Modeschauen, Hundeausstellungen und noch anderes veranstaltet. Im Bergdörflein Bagolino wird im Fasching ein antiker Karnevalsumzug mit Faschingskarren und Masken abgehalten.

Wie verhält man sich während der Wanderungen?

Das Wandern in einer fast unberührten, natürlichen Landschaft stellt für den Menschen ein einzigartiges Erlebnis dar. Will der Wanderer Erholung und Genugtuung finden, sollte er einige Ratschläge befolgen. Unerfahrene Personen sollten vor allem nur leichte Touren unternehmen, die bei normalen Wetterverhältnissen ohne Hilfe eines Führers durchgeführt werden können. Gebirgstouren verlangen eine besondere Erfahrung oder die Begleitung eines Bergführers. Die

Grundausrüstung eines Wanderers sollte aus folgendem bestehen: Bergschuhe oder Stiefel mit Profilsohlen, geeignete Bekleidung, Rucksack, Regenschutz, Taschenapotheke, Sonnenschutz (Sonnenöl) und Wanderkarte. Eine Taschenlampe, ein Kompaß und ein Höhenmesser sind weitere wertvolle Hilfsmittel. Vor Beginn einer Tour sollte man sich über den Zustand und die Länge der Strecke genau informieren, sowie auch über den Schwierigkeitsgrad, ohne zu vergessen, die körperliche Verfassung eines jeden zu überprüfen. Außerdem sollten die Wetterverhältnisse und die örtlichen Verhältnisse beachtet werden, auch unter Befragung der einheimischen Bevölkerung.

Alpines Notsignal
Sechsmal innerhalb einer Minute in regelmäßigen Zeitabständen ein sichtbares oder hörbares Zeichen geben und hierauf eine Pause von einer Minute einlegen. Das gleiche wird wiederholt bis Antwort erfolgt.
Antwort: innerhalb einer Minute wird dreimal in regelmäßigen Abständen ein sichtbares oder hörbares Zeichen gegeben.

Alpengasthöfe und Unterkunftshütten

Wir übernehmen keinerlei Verantwortung für die Angaben. Bevor Sie eine Wanderung unternehmen, erfragen Sie bitte am Talort die Bewirtschaftungszeiten der Schutzhütten. Die Telefonnummern der wichtigsten Schutzhütten sind auf Seite 79 angeführt.

Monte Baldo

Altissimo-Hütte „Damiano Chiesa" (D 2), 2078 m, CAI-SAT Sektion Mori. Postltz.: I-38060 Brentonico. Zugänge: von Nago, 5 Std. (mittel), ein gutes Stück kann mit kleinen Autos befahren werden; von Brentonico (San Giacomo), 2,30 Std. (leicht). Übergänge: zur Telegrafo-Hütte auf Wanderweg längs des Monte-Baldo-Kamms, 5 Std. (mittel); zur Monte-Baldo-Hütte, 2,30 Std. (leicht); zur Cedron-Hütte, 3,30 Std. (leicht).

Baita dei Forti Restaurant (D 3), 1800 m, Postltz.: I-37018 Malcesine. Zugang: von Malcesine mit der Seilbahn. Übergänge: zur Telegrafo-Hütte, 2147 m, auf Wanderweg entlang des Bergkammes, 3 Std.; zur Altissimo-Hütte, über den Canalettapaß, 3 Std.

Bocca di Navene Locanda (D 2-3), 1430 m, privat, Postltz.: I-37018 Malcesine, im Sommer geöffnet. Zugang: von Brentonico (San Valentino), 1,15 Std. (leicht); auch mit dem Auto. Übergänge: zur Altissimo-Hütte, 1,15 Std. (leicht); zur Telegrafo-Hütte, 4 Std. (mittel).

Cedron-Hütte (D 4), 1305 m, privat, Postltz.: I-37020 Ferrara di Monte Baldo, im Sommer geöffnet. Zugang: von Caprino Veronese (23 km) oder von Ferrara di Monte Baldo (9 km) mit dem Auto auf der Straße „Generale Graziani". Übergänge: zur Monte-Baldo-Hütte, 1,30 Std. (leicht); zur Telegrafo-Hütte, 2,30 Std. (mittel); zur Altissimo-Hütte, 4 Std. (zum großen Teil mit Auto).

Chierego-Hütte (C 5), 1911 m, CAI Sektion Verona, Postltz.: I-37010 Brenzone, von Juni bis Oktober geöffnet. Zugang: von Prada (s. San Zeno di Montagna) mit Gondelbahn und Sessellift auf die Costabella, von dort in 0,30 Std. zur Hütte (leicht). Übergang: zur Telegrafo-Hütte, 2 Std. (mittel).

Fos-ce-Hütte (D 2-3), 1430 m, Gemeinde Brentonico, Postltz.: I-38060 Brentonico. Zugang: von Brentonico auf der Fahrstraße (2.5 km).

Graziani Albergo (Gasthof) (D 2), 1650 m, privat, Postltz.: I-38060 Brentonico, vom 1. Mai bis 30. November geöffnet. Zugänge und Übergänge siehe Altissimo-Hütte.

Kira Ristoro (Jausenstation) (D 3), 1300 m, privat, Postltz.: I-37018 Malcesine. Zugänge und Übergänge siehe Baita dei Forti.

Monte-Baldo-Hütte (D 3), 1100 m, privat, Postltz.: I-38010 Avio, von Mitte Juni bis Ende September geöffnet. Zugang: von Avio (Etschtal) mit dem Auto (21 km). Übergänge: zur Cedron-Hütte, 1,30 Std. (leicht); zur Telegrafo-Hütte, 3,30 Std. (mittel); zur Altissimo-Hütte, 4 Std. (leicht, zum großen Teil auf dem Fahrweg).

Novezza Rifugio (Hütte) (D 4), 1390 m, privat, Postltz.: I-37020 Ferrara di Monte Baldo, im Sommer geöffnet. Zugang von Ferrara di Monte Baldo auf der Fahrstraße (5 km).

Novezzina-Hütte (D 4), 1255 m, Gemeinde Ferrara di Monte Baldo, Postltz.: I-37020 Ferrara di Monte Baldo, von Mitte Juni bis Ende September geöffnet. Zugang: von Caprino Veronese (19 km) oder von Ferrara di Monte Baldo (5 km) mit dem Auto auf der Straße „Generale Graziani". Übergänge: zur Telegrafo-Hütte, 3 Std. (mittel); zur Cedron-Hütte, 1 Std. (leicht); zur Monte-Baldo-Hütte, 2,30 Std. (leicht).

Telegrafo-Hütte (Giovanni Pona), (D 4), 2147 m, CAI Sektion Verona, Postltz.: I-37010 Brenzone, von Anfang Juni bis Ende Oktober geöffnet. Zugänge: von Prada mit Sessellift auf die Costabella, von dort in 2,30 Std. zur Hütte (mittel); von der Novezzina-Hütte (bis dort mit Auto), 3 Std. (mittel). Übergänge: zur Chierego-Hütte, 2 Std. (mittel); zur Locanda Bocca di Navene, 4 Std. (mittel); zur Altissimo-Hütte, 5 Std. (mittel).

Riva del Garda

Politische Übersichtsskizze 1 : 500.000

Autonome Region Trentino-Südtirol

Prov. Trient

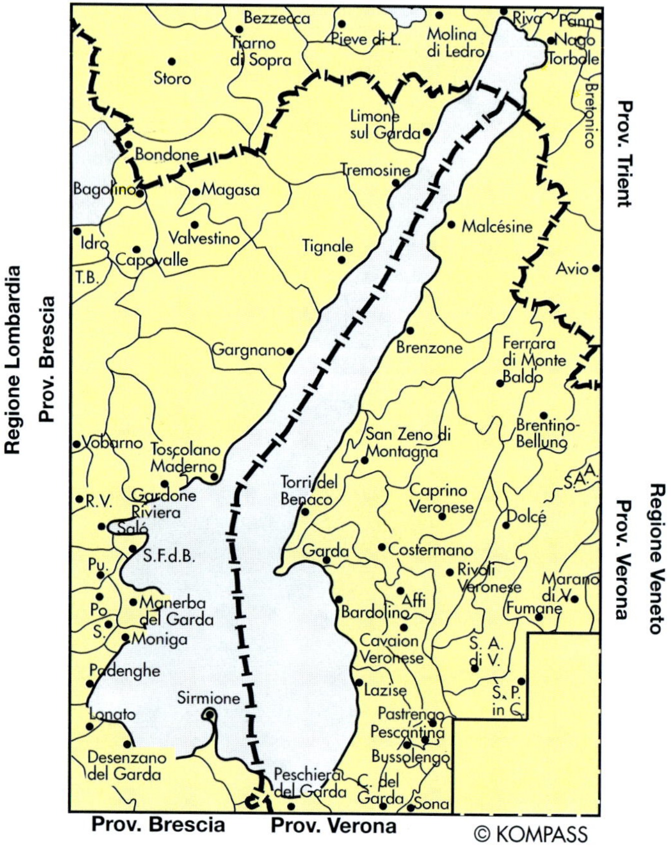

Provinzgrenze

Gemeindegrenze

Gemeindehauptort

Abkürzungen:

Provinz Trient

Pann.	Pannone

Provinz Verona

S.A. di V.	S. Ambrogio di Valpolicella
S.A.A.	Sant'Anna d'Alfaedo
S.P. in C.	San Pietro in Cariano

Provinz Brescia

Po.	Polpenazze del Garda
Pu.	Puegnago sul Garda
R.V.	Roè Volciano
S.	Soiano del Lago
S.F.d.B.	San Felice del Benaco
T.B.	Treviso Bresciano

Ledro-Alpen (Alpi di Ledro)

Ampola Locanda (B 1), 730 m, privat, Postltz.: I-38060 Tiarno di Sopra, ganzjährig geöffnet. Zufahrt: Straße Riva-Storo (24 km von Riva).

Garda-Hütte (B 1), 1582 m, Postltz.: I-38060 Tiarno di Sopra, von Juni bis September und in der Wintersaison geöffnet. Zugang: mit dem Auto auf der Straße, die vom Ampola-Tal herauffühhrt (11 km).

Caplone-Pizzocolo-Gruppe

Cavallino-Hütte (A 4), 1091 m, privat, Postltz.: I-25070 Capovalle, im Sommer geöffnet. Zugang: auf der Straße, die von Gargnano oder Idro über Capovalle auf den Passo del Cavallino della Fobbia führt.

Cima-Rest-Hütte (B 3), 1200 m, privat, Postltz.: I-25080 Magaso, ganzjährig geöffnet. Zugang: von Magasa, 1 Std. (leicht).

Spino-Hütte (Giorgio Pirlo) (A 5), 1165 m, CAI Sektion Salò, Postltz.: I-25088 Toscolano-Maderno, ganzjährig an Sonn- und Feiertagen geöffnet. Zugänge: von Gardone Riviera mit dem Auto bis Verghere im Val di Sur, von dort zur Hütte, 1,15 Std. (leicht); von Toscolano-Maderno mit dem Auto bis Sant'Urbano, von dort zur Hütte, 2 Std. (leicht). Übergang: zur Cavallino-Hütte über den Passo della Fobbiola, 4 Std. (leicht).

Beschreibung der Ortschaften:
Die Rufnummern der Verkehrsvereine und -Büros sind auf Seite 79 angeführt.

BARDOLINO

Gde. (BC 7), Prov. Verona, Einw.: 5.305, Höhe: 65 m, Postltz.: I-37011. **Auskunft**: Azienda di Promozione Turistica (Verkehrsverein), Bardolino. **Bahnstation**: Peschiera (14,5 km). **Busverbindungen** mit Peschiera, Verona, Riva.

Am Ostufer des Gardasees, wo die im Norden steil abfallenden Hänge des Monte Baldo schon der sanfteren, flacheren Moränenlandschaft gewichen sind, liegt das alte Fischerdorf Bardolino, das auch einem leichten, spritzigen Rotwein seinen Namen gibt. Aus der vorgeschichtlichen Siedlung wurde zur Römerzeit eine blühende Ortschaft. Im Mittelalter, als hier die Veroneser Herren della Scala herrschten, erhob sich hier eine Burg, von der nur noch zwei Tore und eine zinnengekrönte Mauer übriggeblieben sind.

Sehenswert im Ort und in der Umgebung

Die kleine **San-Zeno-Kirche** an der Staatsstraße stammt aus dem 9. Jh. und ist eines der bedeutendsten Bauwerke der karolingischen Zeit in Italien. Die Säulen im Inneren haben schöne korinthische Kapitelle. Die romanische **San-Severo-Kirche**, die im Jahr 893 erwähnt wird, später aber umgebaut und restauriert wurde. Hinter dem Hauptaltar die Krypta aus dem 10. Jh. und im Inneren Fresken des 12. und 13. Jh. Die **Pfarrkirche S. Maria** in Cisano, die im 8. Jh. gegründet, später aber umgebaut und zum Teil neu errichtet wurde; vom ursprünglichen Bauwerk sind die grob gemauerte Fassade mit einem schlichten, überdachten Portal (Fresko des 16. Jh.) und Rundbogenfenstern, der kräftige Kirchturm und die runde Apsis erhalten. Das **Museo dell'Olio** (Ölmuseum) bei Cisano, mit anschließendem Verkaufs - und Verkostungspunkt.

Spazierwege und Bergtouren
Zur Kamaldulenser-Einsiedelei, die sich in 309 m Höhe auf einem Felsen erhebt, der den Golf von Garda überragt und einen herrlichen Ausblick auf den Gardasee bietet. Der Weg bis zur Einsiedelei ist sehr angenehm und abwechslungsreich und führt an den Kirchen San Colombano und San Vito vorbei, 1 Std. Nach Cavaion Veronese, am Fuße des Monte San Michele gelegen (5 km), und von dort in die kleine Ortschaft Incaffi mit der Villa Fracastoro, 1,30 Std. Incaffi ist ein Ortsteil von Affi, einem am Fuß des Monte Moscal gelegenen Bauerndorf, in dessen Nähe sich die Ausfahrt von der Brennerautobahn zum unteren Gardasee befindet.

BRENZONE

Gde. (C 4), Prov. Verona, Einw.: 2.395, Höhe: 65/2199 m, Postltz.: I-37010. **Auskunft**: Azienda Promozione Turistica (Verkehrsverein) Brenzone. **Bahnstation**: Peschiera (38 km). **Busverbindungen** mit Peschiera, Verona, Riva.

Etwa zehn Kilometer lang folgen einander am östlichen Gardaseeufer zwischen jahrhundertealten Olivenhainen und mit romantischen mittelalterlichen Wegen untereinander verbunden, die sechzehn Ortschaften der Gemeinde Brenzone. Darunter Assenza, Porto, Magugnano (Gemeindesitz), Castello, Marniga und Castelletto. Alle Orte sind in der Lage angenehme Aufenthalte zu bieten, doch ist Castelletto - inmitten von silberfarbenen Olivenhainen am Hang des Monte Baldo gelegen - ohne Zweifel fremdenverkehrsmäßig der bedeutendste Ort der Gemeinde. In der Gemeinde, die mit eleganten Hotels und Campings entlang des Seeufers ausgestattet ist, gibt es zwei Segelclubs, die die Ausübung des Segelsports gestatten, der in diesem Gebiet durch die regelmäßig auftretenden Winde, besonders begünstigt wird.

Sehenswert im Ort und in der Umgebung
In Biaza, wenig oberhalb Castelletto, die alte **Sant'Antonio-Kapelle** und die Reste einer **Burg** der Grafen von Brenzone. Die romanische **San-Zeno-Kirche** aus der ersten Hälfte des 12. Jh., im Friedhof von Castelletto. Sie hat einen charakteristischen, in die Fassade eingebauten Kirchturm, eine freskenverzierte Nische über dem Hauptportal und im Inneren Fresken aus dem 15. Jh. Gegenüber von Assenza die Insel **Isolotto di Trimelone**, eine der vier winzigen Gardasee-Inseln mit Resten von einem **Scaliger-Fort**. Im 10. Jh. waren hier Festungen gegen die Ungarneinfälle errichtet, von Barbarossa aber im Jahr 1158 zerstört worden. In Cassone, im **Park der Villa Rizzardi**, entspringt der „**Ri**", der schon nach wenigen Metern in den See mündet; er gilt als Sehenswürdigkeit, da er der **kürzeste Flußlauf Italiens** ist.

Spazierwege und Bergtouren
Nach Sommavilla, 146 m, oberhalb Assenza (15 Min.) und von dort auf einer in südlicher Richtung verlaufenden Panoramastraße, durch Olivenhaine und bei schönen Ausblicken auf den Gardasee, nach Magugnano, 1,15 Std. Nach Biaza mit seiner Burgruine, von Castelletto, 15 Min. Nach Prada, 1000 m, einem aufkommenden Fremdenverkehrszentrum am Westhang des Monte Baldo, wo sich Mulden und ebenes Gelände abwechseln. Von Castelletto auf Wanderweg über Fazor und Le Ca nach Prada, 3 Std. (leicht). Von Prada aus führt ein Sessellift nach Ortigaretta, 1550 m, und auf den Costabella, 1850 m, von wo aus man in

einer halben Stunde die Chierego-Hütte, 1911 m, erreicht. Zur Telegrafo-Hütte, 2147 m, am Südwesthang des Monte Telegrafo (oder Monte Maggiore); von Assenza auf dem Wanderweg über Sommavilla, durch das Val Mezzana und über den Costone di Zovel, 6 Std. (mittel). Von der Telegrafo-Hütte weites Panorama auf Alpen, Etschtal und Poebene.

CAPRINO VERONESE

Gde. (C 6), Prov. Verona, Einw.: 6.730, Höhe 254 m, Postltz.: I-37030. **Auskunft**: Pro Loco (Verkehrsverein), Caprino Veronese. **Bahnstation**: Dolcé (11 km). **Busverbindungen** mit Dolcé, Rivoli, Verona.

Durch die Südausläufer des Monte Baldo vor kalten Nordwinden geschützt, liegt am Rand eines Talkessels und von Weinbergen umgeben dieser lebhafte Ort, der ein landwirtschaftliches und Handelszentrum des ganzen umliegenden Gebiets ist. Zahlreiche Villen und Landhäuser aus verschiedenen Jahrhunderten, die in Caprino selbst wie in den Nachbarorten erhalten sind, zeugen davon, daß diese Gegend wegen ihres milden, angenehmen Klimas schon in vergangenen Zeiten zur Sommerfrische aufgesucht wurde. Die zehn Kilometer nördlicher gelegene Fraktion Spiazzi, 862 m, ist - auch dank ihrer aussichtsreichen Lage - eine liebliche, vielbesuchte Sommerfrische, und außerdem Ziel von Pilgern, die die bekannte Wallfahrtskirche Madonna della Corona aufsuchen. Caprino Veronese ist auch Ausgangspunkt der herrlichen, wenn auch nicht immer gepflegten

Desenzano im Abendlicht / Tramonto a Desenzano

und im Winter zum Teil geschlossenen Panoramastraße „Generale Graziani", die sich - eine moderne Variante des mittelalterlichen Saumpfades „La Campiona" - zwischen dem Hauptkamm und dem östlich vorgelagerten Nebenkamm des Monte Baldo durch eine sehr abwechslungsreiche Landschaft zieht und über Spiazzi, Ferrara di Monte Baldo und Bocca di Navene nach Brentonico und Mori und damit wieder ins Etschtal hinunterführt.

Sehenswert im Ort und in der Umgebung

Im Zentrum des Marktfleckens die elegante **Villa Carlotti** (heute Rathaus) aus dem 17. Jh., mit Fresken und Stukkaturen in den Innenräumen. Der Nachbarort Platano (1,5 km) mit zahlreichen schönen **Renaissancevillen** aus dem 15./16. Jh. und einer **riesenhaften, 400 Jahre alten Platane**, die 20 m hoch ist und als die größte Italiens gilt. Die **Wallfahrtskirche Madonna della Corona**, 774 m, in der Nähe von Spiazzi, in der eine Marienstatue verehrt wird; die Kirche aus dem 16. Jh., die sich wie ein Adlerhorst an die steile Felswand schmiegt, wurde im Laufe der Jahrhunderte mehrmals umgebaut. Vom Dorf Spiazzi aus erreicht man sie zu Fuß, indem man über viele Stufen hinabsteigt. Herrlich ist der Ausblick auf das Etschtal und die Berge gegenüber. In Ceredella das **Kirchlein der Hl. Christine** aus dem 13. Jh.

Spazierwege und Bergtouren

Nach Pesina (3,5 km) auf der Straße in Richtung Costermano; unter den schönen Villen dieses Sommerfrischortes ist die Villa Belvedere an den Hängen des Monte di Pesina besonders nennenswert. Nach Castion, über Rubiano, Piozze, Giare und S. Vérolo, 2,30 Std. Nach Prada auf der Fahrstraße über Rubiana und Lumini, 3,30 Std. (leicht); auch mit dem Auto. Ein Ausflug in die Geschichte führt von Caprino Veronese nach Rivoli Veronese (9 km), zwischen der Etsch und der Brennerautobahn in der „Veroneser Klause" gelegen, durch die im Jahr 489 schon der Gotenkönig Theoderich, der „Dietrich von Bern" der Sage nach, gezogen war, um in Verona seinen Herrschaftssitz zu gründen. Hier gewann Napoleon im Jahr 1797 eine seiner ersten Schlachten gegen die österreichischen Truppen. Auch 1848 fanden hier Kämpfe zwischen Österreichern und Piemontesen statt, und auf dem Felsen, der den Ort überragt, erhebt sich noch heute eine mächtige, einst von den Österreichern angelegte Festung.

DESENZANO DEL GARDA

Stadtgde. (A 9), Prov. Brescia, Einw.: 21.012, Höhe: 67 m, Postltz.: I-25015. **Auskunft**: Ufficio I.A.T. Desenzano. **Bahnstation**: Desenzano. **Busverbindungen** mit Brescia, Mailand, Verona.

Desenzano ist ein modernes, lebhaftes Städtchen am Südwestende des Gardasees, inmitten eines der malerischsten Golfe des Sees. Der gut besuchte Badeort ist Ausgangspunkt für Ausflüge und Wanderungen und bietet außerdem interessante künstlerische archäologische und geschichtliche Sehenswürdigkeiten. Schon zur Römerzeit gegründet, wovon noch zahlreiche archäologische Funde zeugen, wurde der Ort im Mittelalter von den Brescianern und Veronesern hart umkämpft. Im Jahre 1400 kam der Ort unter venezianische Herrschaft und entwickelte sich dann zu einem blühenden Handelszentrum, das er noch heute ist. Dazu gesellte sich eine gutgehende Lebensmittelindustrie und Weinerzeugung (bekannt sind die Weine „Lugana" und „Tokai" di Lugana).

Die Mosaikböden in der Villa Romana (3. Jh.) / Pavimenti in mosaico nella Villa Romana (III sec.)

Sehenswert im Ort und in der Umgebung
Im oberen Stadtteil die **Burg** aus dem 10./11. Jh., mit runden Ecktürmen und zinnengekröntem Hauptturm. Die **Pfarrkirche Santa Maria Maddalena** aus dem 16. Jh.; im Inneren Gemälde von Gian Domenico Tiepolo, Zenone Veronese und Andrea Celesti. Einige **Paläste**, Werke des Todeschini. Die interessanten Reste einer herrschaftlichen **römischen Villa** (Villa Romana) aus dem 4. Jh., mit farbigen Mosaikböden und Heizungsanlagen aus der Gründerzeit, einem Antiquarium, und einem Museum für Geschichte und Pfahlbauten. Nahe der Villa Ausgrabungen einer frühchristlichen Kirche und eines Gebäudes, das vielleicht als Thermalbad diente.

Spazierwege und Bergtouren
In östlicher Richtung in den Nachbarort Rivoltella, wo sich die hübsche San-Zeno-Kirche aus dem 15. Jh. erhebt. Zum Belvedere: erst am Seeufer entlang in Richtung des Bungalowparks „del Vo", dann links abbiegend auf einen Moränenhügel, der einen weiten Blick über den Golf von Desenzano und den ganzen See bis zu den Bergen über Riva im Norden und gegen Süden auf die immer sanfter abfallenden Hügel und die Ebene bietet, 45 Min. Eine interessante Autofahrt kann man zu den Schlachtfeldern des zweiten Freiheitskrieges (1859) bei San Martino della Battaglia (Museum und 74 m hoher Aussichtsturm) und Solferino

(19 km südlich von Desenzano) unternehmen: hier besiegten während des Risorgimento die mit den Piemontesen verbündeten Franzosen die Österreicher und erreichten den Anschluß der Lombardei an das entstehende Italien. In Solferino Museo Storico und Ossarium in der Kirche San Pietro mit den Gebeinen vieler der etwa 30.000 gefallenen Soldaten. Hier, während der Schlacht von Solferino, kam dem Schweizer Arzt Henri Dunant die Idee zur Gründung des Roten Kreuzes, das heute im nahen Ort Castiglione delle Stiviere ein Museum errichtet hat. 2 km von Desenzano entfernt im Weiler Grezze, liegt das Haus der Hl. Angela Merici (1474-1537), Gründerin des Ursulinenordens.

FERRARA DI MONTE BALDO

Gde. (D 5), Prov. Verona, Einw.: 193, Höhe: 856 m, Postltz.: I-37020. **Auskunft**: Pro Loco (Verkehrsverein), Ferrara di Monte Baldo. **Bahnstation**: Sant'Ambrogio di Valpolicella (30 km). **Busverbindungen** mit Caprino Veronese, Verona.

Dieses kleine Bergdorf, das auf den grünen Hängen liegt, die sich zwischen dem Haupt- und dem Nebenkamm des Monte Baldo ausdehnen, ist eine beliebte, ruhige Sommerfrische, von der aus man schöne Wanderungen und Bergtouren auf den Monte Baldo unternehmen kann. Sieben Kilometer nördlich des Ortes, im Gebiet von Novezza an der Straße ,,Generale Graziani" (s. Caprino Veronese), ist vor kurzem ein Skigelände, das vor allem für Kinder und Anfänger bestens geeignet ist, entstanden. In Novezzina wurde der Botanische Garten ,,Orto Botanico del Monte Baldo" errichtet, wo man die zahlreichen Blumenarten des Monte Baldo bewundern kann.

Spazierwege und Bergtouren

Zum Rifugio Novezzina, auf der kurvenreichen Fahrstraße ,,Generale Graziani", an den einsam gelegenen Weilern Valdeforte und Cambrigar vorbei, 1,30 Std. Zum Rifugio Cedron, auf der Straße über das Rifugio Novezzina, 2,30 Std. (auch mit dem Auto). Nach Spiazzi, 862 m, mit der Wallfahrtskirche Madonna della Corona (s. Caprino Veronese), 1. Std. Zum Rifugio Telegrafo, erst 3 km auf der Straße ,,Generale Graziani", dann links abbiegend auf Wanderweg in vielen Kehren, an der Malga Lonza vorbei, auf den Monte-Baldo-Kamm, auf dem man, bei herrlichen Ausblicken nach allen Richtungen, die Hütte knapp unterhalb des Monte Telegrafo (2200 m) erreicht, 4 Std. (mittel). Auf die Cima Valdritta, 2218 m , den höchsten Gipfel des Monte-Baldo-Massivs: auf der Fahrstraße bis Caval di Novezza, von dort auf Wanderweg auf den Felsvorsprung der Cornetta und dann weiter auf den Kamm und auf dem Weg Nr. 651 bis zum Gipfel, 5,30 Std. (mittel), 3,30 Std. ab Caval di Novezza. Zu den Berghütten Monte Baldo und Alb. Alpino von Caval di Novezza (7 km nördlich von Ferrara di Monte Baldo) auf dem Wanderweg über den Passo Campione und die Malga Artillone, 1437 m; von dort im Abstieg zu den Hütten: eine geruhsame Wanderung durch eine noch unberührte und unverfälschte Landschaft, 2 Std. ab Caval di Novezza.

GARDA

Gde. (B 7), Prov. Verona, Einw.: 3270, Höhe: 67 m, Postltz.: I-37061. **Auskunft**: Azienda di Promozione Turistica (Verkehrsverein), Garda. **Bahnstation**: Peschiera (18 km). **Busverbindungen** mit Peschiera, Verona, Riva.

Von alten Villen mit schönen Parks und modernen Hotelbauten umgeben, dehnt sich dieser reizvolle Luftkurort am Ostufer des Gardasees in einer kleinen, windgeschützten und von Hügeln umsäumten Bucht aus. Der Ort, der dem See seit dem 8. Jahrhundert seinen Namen gibt, war schon während der Steinzeit besiedelt, und später entstanden am Fuße des Burgbergs, der den Ort überragt, Pfahlbauten, deren Reste bei Ausgrabungen zutage getreten sind. Zu großer Blüte gelangte Garda im Mittelalter, als es durch Karl den Großen zur Grafschaft mit Rechtsprechung über das ganze umliegende Gebiet erhoben wurde, und auch unter venezianischer Herrschaft hatte es große wirtschaftliche Bedeutung für den Handel am See. Im Jahr 950 soll in der heute verfallenen ,,Rocca" von Garda die Witwe des italienischen Königs Lothar, Adelheid, durch Berengar von Ivrea gefangengehalten worden sein.
Ihr sei jedoch die Flucht nach Canossa gelungen, und später heiratete sie den deutschen Kaiser Otto I. Heute ist Garda einer der lebhaftesten Fremdenverkehrsorte des Gardasees: besonders malerisch der kleine Hafen, wo die elegante Seepromenade vorbeiführt.

Sehenswert im Ort und in der Umgebung
Die **Pfarrkirche Santa Maria Maggiore** aus dem 16. Jh.; im Inneren ein den Hl. Blasius darstellendes Gemälde von Palma dem Jüngeren; in der Sakristei ein Fresko aus dem Jahr 1450. Rechts im Hof zwei Seiten eines Kreuzgangs aus dem 14. Jh. An der Seepromenade der **Palazzo del Capitano** in venezianisch-gotischem Stil. Die **Villa Albertini** in einem riesigen Park, die im vorigen Jahrhundert im Stil einer mittelalterlichen, zinnengekrönten Burg neu aufgebaut worden war. Im Jahr 1848 empfing hier Carlo Alberto, König von Piemont, eine Abordnung, die ihm die Urkunde vom Anschluß der Lombardei an Piemont über-

Am Golfo di Garda / Sul Golfo di Garda

brachte. **Punta San Vigilio** (3 km von Garda) beschließt den Golf von Garda im Nord-Westen: mit seinen Zypressen und Olivenbäumen, einem antiken Kirchlein und der einsamen Bucht Baia delle Sirene ist es einer der bezauberndsten, berühmtesten und meist fotografierten Orte des Gardasees. Hier liegt auch die herrschaftliche **Villa Guarienti** aus dem 16. Jh., die nach dem Projekt des Architekten Sammicheli erbaut wurde. Herrliche Aussicht.

Spazierwege und Bergtouren
Zum Weiler Marciaga, 290 m, auf einer Straße, die die Hügel nördlich von Garda hinanführt. In aussichtsreicher Lage erhebt sich die romanische Kirche der Madonna di Marciaga, 30 Min. Zur Rocca, 294 m, auf der sich eine im 16. Jh. zerstörte Burg erhob und wo die antike Kamaldulenser-Einsiedelei liegt, die - zusammen mit den charakteristischen Zellen der Mönche - im 17. Jh. errichtet wurde; auf einem steinigen Saumpfad durch Weinberge und Olivenhaine, 45 Min. (s. auch Bardolino). Nach Torri del Benaco durch das wilde, einsame Valle Volpara und über Albisano (Aussichtspunkt), 1,30 Std. Nach Costermano, 221 m (3,5 km), ein landwirtschaftliches Zentrum, auf einer Straße, die über die Moränenhügel südlich des Monte Baldo in die Höhe führt. In unmittelbarer Nähe befindet sich ein deutscher Soldatenfriedhof mit den Gräbern von 23.000 Gefallenen des 2. Weltkrieges, 50 Min.

Vittoriale degli Italiani mit Park und Freilichtbühne / Vittoriale italiani con parco e teatro all'aperto

GARDONE RIVIERA

Gde. (A 6), Prov. Brescia, Einw.: 2.495, Höhe 120 m, Postltz.: I-25083. **Auskunft**: Ufficio I.A.T., Gardone Riviera. **Bahnstation**: Desenzano (23 km). **Busverbindungen** mit Desenzano, Brescia, Mailand.

Gardone ist der eleganteste Ferienort der „Riviera bresciana", der sich am Westufer des Gardasees zwischen Gargnano und Salò ausdehnt und sich durch eine von einem besonders milden Klima begünstigte, üppige Mittelmeervegetation auszeichnet. Vor etwa hundert Jahren begann hier der moderne Fremdenverkehr, der zuerst deutsche Literaten und Maler hierher führte, denen in diesem Jahrhundert Adelige und Künstler aus aller Welt folgten, allen voran der italienische Dichter Gabriele D'Annunzio, der hier seinen letzten Wohnsitz hatte. Während sich unten am Seeufer Gardone di Sotto mit der eleganten Seepromenade, den Hotels und Cafés hinzieht und fast unmerklich in den Ortsteil Fasano übergeht, ist das höher gelegene Gardone di Sopra auch heute noch ein pittoreskes Dorf mit hübschen Winkeln und alten, von großen Parks umgebenen Villen. Von hier genießt man einen herrlichen Ausblick auf die Insel Garda, die Punta Portese und, in der Ferne, auf die Halbinsel Sirmione und das gegenüberliegende Ufer.

Gardone Riviera

Sehenswert im Ort und in der Umgebung

Das **Vittoriale degli Italiani**, das Gabriele D'Annunzio von 1921 bis zu seinem Tode im Jahr 1938 bewohnte und wo er sich, seinem Werk und seinen kühnen Unternehmungen des ersten Weltkrieges noch zu Lebzeiten ein Denkmal setzte. Sehr malerisch ist das Freilichttheater (Theateraufführungen im Sommer), interessant der Bug des Kriegsschiffes „Puglia", der in den Felsen eingemauert ist, das Flugzeug, mit dem er am 9. August 1918 Wien überflog, und das Museum mit Erinnerungsgegenständen. Der **botanische Garten** des Dr. Hruska mit vielen Exemplaren der mediterranen und alpinen Flora. Das **Kongresszentrum** Villa Alba, dessen Gebäude auf Anfang dieses Jahrhunderts zurückgeht; es ist von einem weitläufigen Park umgeben.

Spazierwege und Bergtouren

In den Weiler Morgnaga, von Gardone di Sopra aus auf einer ebenen Straße, dabei herrliche Ausblicke auf den See; Pfarrhaus mit Fresken des 15. Jh., 30 Min. Nach Tresnico, von Gardone di Sopra aus auf einer alten durch Olivenhaine führenden Straße in diese 313 m hoch gelegene Ortschaft, 50 Min. Nach Fasano, von Gardone di Sopra auf einem reizvollen Weg („via Belvedere") zu dem am Seeufer nördlich von Gardone di Sotto gelegenen Ort, 50 Min. Zum Rifugio Spino „Giorgio Pirlo", 1165 m; von Gardone auf der Panoramastraße bis nach Verghere im Val di Sur (Parkplatz); von dort auf einem bequemen und nur am Ende ansteigenden Saumpfad zur Berghütte, 1,45 Std. vom Parkplatz (leicht). Von der Hütte kann man über den Dosso le Prade den Monte Pizzocolo, 1582 m, besteigen, der eine grandiose Aussicht auf die umliegenden Brescianer Alpen, den Adamello, die Dolomiten, den Monte Baldo und die Ebene bis Verona bietet, 1,30 Std. von der Berghütte (mittel). Eine schöne Autofahrt führt, bei ständig wechselndem Panorama, durch eine reizvolle Landschaft über die Hänge oberhalb Gardone: von Gardone über Tresnico nach San Michele, 407 m, einer lieblichen Sommerfrische; von dort über den Barbarano-Bach nach Serniga, 429 m, und weiter mit vielen Kehren auf die Staatsstraße und nach Gardone zurück (14 km).

Die Villa Bettoni am Gardaseeufer / Villa Bettoni sulla riva del lago

GARGNANO

Gde. (B 4-5), Prov. Brescia, Einw.: 3.211, Höhe 98 m, Postltz.: I-25084. **Auskunft**: Pro Loco (Verkehrsverein), Gargnano. **Bahnstation**: Desenzano (35 km). **Busverbindungen** mit Desenzano, Brescia, Mailand, Riva.

Nur wenige Orte haben wie Gargnano, das an der „Riviera bresciana" am Westufer des Gardasees liegt, bis in die moderne Zeit hinein ihr altes, durch die Jahrhunderte geprägtes Aussehen erhalten können, und das moderne, laute Leben scheint vor dem Ort stehengeblieben zu sein. Herrschaftliche Villen und einfache Bauernhäuser, alte Kirchen und Zitronengärten kennzeichnen hier das Antlitz des Ortes, in dem Natur und Architektur auf einzigartige Weise miteinander verschmelzen und die typische, von allen nordischen Ländern ersehnte Gardaseelandschaft bilden. Wahrscheinlich schon in der Römerzeit entstanden, erlebte es ab 1427 unter venezianischer Herrschaft eine Blütezeit, wurde dann jedoch

1866 während des italienischen Einigungskrieges von den Österreichern bombardiert, und hatte auch in der jüngeren Geschichte eine wichtige Rolle inne. In der Villa Feltrinelli hatte von Semptember 1943 bis April 1945 Mussolini als Oberhaupt der „Repubblica Sociale Italiana", der sogenannten „Republik von Salò", seinen Amtssitz. Von Gargnano führt eine Straße mitten durch eine herrliche Landschaft zum Idrosee; auf Kehren steigt die Straße bis Navazzo an, um dann in das Toscolanotal einzumünden; hier führt die Straße 5 km dem Stausee Valvestino entlang und erreicht die drei Fraktionen, die die Gemeinde Capovalle bilden. Von hier führt eine erst kürzlich erbaute Straße zum Idrosee hinab (36 km ab Gargnano). Das Gemeindegebiet von Gargnano gehört zum Naturschutzgebiet „Parco dell'Alto Garda Bresciano", das 1989 errichtet wurde.

Sehenswert im Ort und in der Umgebung

Die **San-Francesco-Kirche** aus dem 13. Jh., die später zum Teil umgebaut wurde. Im Inneren Gemälde von Andrea Celesti. Sehr stimmungsvoll ist der **Kreuzgang** des ehemaligen Franziskanerklosters mit interessanten Kapitellen, römischen Grabsteinen und einem schön behauenen Renaissanceportal. Die freskenverzierte Kirche **San Giacomo de Cali** aus dem 12. Jh., die sich einsam am Seeufer nördlich der Villa Feltrinelli erhebt. Die von Adriano Cristofali errichtete **Villa Bettoni** in Bogliaco (18. Jh.) ist einer der großartigsten Paläste des Gardasees; im Innern birgt sie eine Gemäldesammlung mit Werken von Andrea Celesti, Canaletto und Guido Reni sowie wertvolle Möbel. Mittels zwei Überführungen ist der Palast mit dem sich auf der gegenüberliegenden Straßenseite befindlichen Park „all'italiana" (18. Jh.) verbunden.

Spazierwege und Bergtouren

Nach Muslone, 463 m: auf einer parallel zur Uferstraße höher am Hang verlaufenden Straße, die an der San-Gaudenzio-Kirche vorbei und am Fuße der steil

Lazise: am Hafen / Lazise: il porto

ansteigenden Wand der Cima Comer entlang führt, erreicht man diese herrlich gelegene Ortschaft in 1,30 Std. Nach Fornico, ein winziges einsames Bauerndorf mit alten Häusern und pittoresken Winkeln, von Bogliaco auf einer schmalen Straße durch Olivenhaine, 30 Min. Von Fornico zur Kirche Madonna di Supina, 15 Min. Nach Gaino: von Bogliaco über Fornico gelangt man in das malerische Bauerndorf oberhalb Toscolano, 2 Std. Nach Navazzo, 496 m, Sasso 555 m, Liano und Formaga, 587 m, vier kleine, reizvolle Ortschaften, die an den Hängen oberhalb Gargnano liegen, von Bogliaco, 2 Std. Auf die Cima Comèr, 1280 m, die mit einer 400 m hohen Wand steil zum Gardasee abfällt: von Navazzo (zu Fuß über Fornico in 1 Std. oder mit dem Auto auf der kurvenreichen Panoramastraße in Richtung Valvestino etwa 9 km) bis Sasso auf einer Straße; dann auf einem steil ansteigenden Saumpfad nach Razzone, 940 m, und von dort auf den Gipfel, großartiger Aussichtspunkt auf den Monte Baldo und den Gardasee, von Navazzo 2,30 Std. (leicht). Von der Cima Comèr auf den M. Denervo, 1459 m , 45 Min.

LAZISE

Gde. (C 8), Prov. Verona, Einw.: 5.560, Höhe: 76 m, Postltz.: I-37017. **Auskunft**: Azienda di Promozione Turistica (Verkehrsverein), Lazise. **Bahnstation**: Peschiera (9 km). **Busverbindungen** mit Peschiera, Verona, Riva.

Die zinnengekrönten Ringmauern und die Türme der Scaligerburg verleihen Lazise, das sich am Ostufer des Gardasees ausdehnt, auch heute noch ein mittelalterliches Gepräge. Der schon in der Vorgeschichte besiedelte Ort hieß zur Römerzeit Lasitium. Im 12. Jh. erhob er sich zur ersten freien Gardasee-Gemeinde, ging dann aber an die Veroneser Herren della Scala über, die die Befestigungsanlagen aus dem 11. Jh. umbauten und den Ort zu einem militärischen Stützpunkt machten. Lazise ist Ausgangspunkt für Spaziergänge und Wanderungen auf die umliegenden Erhebungen, wo in den vergangenen Jahrhunderten die Adeligen aus Verona ihre Villen errichtet hatten. Außerdem gehört der Ort zur ,,Gardesana dell'olio extravergine di oliva del Garda" (Uferstraße des Gardesaner Olivenöles) und zur Weinstraße ,,del vino Bianco di Custoza e del vino Bardolino".

Sehenswert im Ort und in der Umgebung

Das noch bewohnte **Castello Scaligero** mit sechs mächtigen Türmen und zinnengekrönten Mauern. Die kleine **San-Nicolò-Kirche** am Hafen, die auf das 12. Jh. zurückgeht, aber später umgebaut wurde. Im Inneren Fresken des 14. Jh. Ebenfalls am Hafen das venezianische Zollhaus **Dogana Veneta** (16. Jh.) mit einem weiten Laubengang. Die **Villa La Pergolana**, 1 km nördlich von Lazise an der Hauptstraße, birgt die alte Kapelle eines ehemaligen Klosters. Südlich vom Ort liegt der **Wasserpark „Il mondo di Caneva"**; in der Nähe, in den Gemeinden Lazise und Castelnuovo, befindet sich der **Vergnügungspark „Gardaland"**.

Spazierwege und Bergtouren

Nach Calmasino, ein reizendes Dorf in aussichtsreicher Lage, auf asphaltierter, leicht die Hügel ansteigender Straße (3 km). Weiter durch diese sanfte Hügelgegend erreicht man nach weiteren 3 km das nördlicher gelegene Cavaion Veronese (s. Bardolino). Von Pacengo (3 km südlich Lazise) nach Colà, einem kleinen, von prächtigen Villen des 16./18. Jh. umgebenem Dorf in einer lieblichen

Landschaft, 40 Min. (auch von Lazise, 1 Std.). Acht Kilometer westlich von Lazise liegt auf einem sanften Hügel Pastrengo, das durch zwei Schlachten bekannt wurde: 1799 besiegten hier die Österreicher die Franzosen, während die Österreicher 1848 von den Piemontesen geschlagen wurden. Zwei Kilometer südlich von Pastrengo liegt der „Parco Zoosafari del Garda", ein ausgedehntes Freigelände mit vielen exotischen Tierarten; ein Besuch ist empfehlenswert.

LIMONE SUL GARDA

Gde. (C 2), Prov. Brescia, Einw.: 989, Höhe 66 m, Postltz.: I-25010. **Auskunft**: Ufficio I.A.T., Limone. **Bahnstation**: Rovereto (31 km). **Busverbindungen** mit Riva, Rovereto, Desenzano, Brescia.

Ein idillischer Winkel in Limone sul Garda / Scorcio idillico a Limone sul Garda

Limone liegt am Westufer des Gardasees am Fuße steil abfallender Felswände. Sein Name leitet sich vom lateinischen Wort „limes" (Grenze) und den „limonaie", den malerischen Zitronengärten, ab die sich terrassenförmig oberhalb der Ortschaft ausdehnen und durch Treibhäuser vor dem kalten Nordwind geschützt werden. Die alten Häuser drängen sich um den reizenden Hafen, und auch der moderne, lebhafte Fremdenverkehr, der in Limone Einzug gehalten hat, konnte die typische Atmosphäre eines Fischerdorfes nicht zerstören. Das Gemeindegebiet liegt im Schutzgebiet des „Parco dell'Alto Garda Bresciano", der mit Regionaldekret 1989 mit einer Ausdehnung von 38.000 ha errichtet worden ist.

Sehenswert im Ort und in der Umgebung
Die **Pfarrkirche**, die Ende des 17. Jh. neu errichtet wurde, mit erst kürzlich restaurierten Gemälden von Andrea Celesti. Die **San-Rocco-Kirche**, die auf das 15. Jh. zurückgeht, oberhalb des Ortes. Das **S. Pietro-Kirchlein** aus dem 10. Jh. im Olivenhain.

Spazierwege und Bergtouren
Nach Reamòl, am Seeufer entlang in nördlicher Richtung, dabei schöne Ausblicke auf den gegenüberliegenden Monte Baldo, 30 Min. Auf die Punta Larici, 903 m, ab Reamol, 2 Std. Zum Tesol mitten in Olivenhainen, Geburtshaus des Danieli Comboni, Gründer des Missionärordens Comboniani, wo auch ein afrikanisches Missionsmuseum untergebracht ist, das ebenso wie die Kapelle inmitten von Olivenhainen besucht werden kann, 30 Min. Ein Sonntagsausflug mit Bergführer, der von der hiesigen A.N.A. - Gruppe organisiert wird. Nach Pregasina, ein einzigartig gelegenes, stilles Bergdorf (s. Riva): erst im Anstieg durch das Valle del Singol, dann an den Westhängen des Dosso dei Roveri und der Cima di Mughera entlang auf den Passo Rocchetta, 1158 m, und von dort im Abstieg nach Pregasina, wo man eine herrliche Aussicht genießt, 3. Std. (leicht). Nach Molina di Ledro durch die Täler Valle del Singol und Valle Piana zum Passo di Bestana, in dessen Nähe bis 1918 die italienisch-österreichische Grenze verlief, und von dort auf dem Wanderweg fast immer durch einsame Wälder, an den südlichen Ledrosee, 4-5 Std. (mittel). Nach Dalco, auf dem Wanderweg Preals, bis nach Dega und auf den Passo della Vecchia, in der Gemeinde Tremosine.

LONATO

Gde. (A 9), Prov. Brescia, Einw.: 10.110, Höhe: 188 m, Postltz.: I-25017. **Auskunft**: Pro Loco (Verkehrsverein), Lonato. **Bahnstation**: Desenzano (5 km). **Busverbindungen** mit Desenzano, Brescia, Verona.

Zu Füßen eines sanften Hügels süd-westlich vom Gardasee liegt Lonato an der Straße Brescia-Verona nahe der Autobahn. Dieses lebhafte Städtchen blickt auf eine lange Geschichte zurück, von der zahlreiche antike Bauten und Monumente zeugen. In seiner Nähe, vor allem in Polada - 2 km östlichen von Lonato - sind die Reste eines Pfahlbaudorfes aus der Bronzezeit ans Tageslicht gekommen. Die dort gefundenen typischen Keramiken haben der Polada-Kultur den Namen gegeben. Auch römische Zeugnisse wurden in diesem Gebiet zu Tage gefördert. Die Stadt, die einst im Besitz der Veroneser Bischöfe war, war im Mittelalter Besitz mehrerer Herrscher, bis sie dann 1516 zur „Serenissima" kam.

Sehenswert im Ort und in der Umgebung
Die große **Basilika**, im 8. Jh. nach den Plänen des Paolo Soratini erbaut, birgt

im Inneren wertvolle Gemälde von Andrea Celesti (XVII Jh.) und von Bernardo Licinio (XVI Jh.). Die **Burg**, ist eine Befestigungsanlage aus dem 11. Jh., die im 14. Jh. umgebaut wurde; von hier genießt man einen herrlichen Rundblick auf die Moränenhügel bis zur venezianischen Ebene sowie auf den Gardasee. Das angrenzende **„Casa del Podestà"**; der jetzige Bau ist aus dem 15. Jh., mit Gemäldegalerie und Sammlungen von Zinn- und Keramikgegenständen; Sitz der Ugo-da-Como-Stiftung, die eine Bibliothek mit über 20.000 Büchern, wertvollen Handschriften und 400 antiken Inkunabeln ihr eigen nennt. Die Kirche **Madonna del Corlo** aus dem 14. Jh. mit wertvollen Gemälden von Pietro Morone und Moretto, Fresken aus dem 14., 17. u. 18. Jh. sowie Stukkaturen des Soratini (16. Jh.). Die Kirche **Pieve di San Zeno**, 5. Jh. Die **Wallfahrtskirche S. Martino.**

Spazierwege und Bergtouren
Nach Polada über eine bequeme, fast eben verlaufende Straße durch den Wald, 30 Min. Zur Kirche San Cipriano, ein einfacher romanischer Bau aus dem 12. Jh. im Ort San Cipriano Sopra, 30 Min. Zur Pieve di S. Zeno und zur Wallfahrtskirche S. Martino.

MALCESINE

Gde. (C 3), Prov. Verona, Einw.: 3.488, Höhe: 89 m, Postltz.: I-37018. **Auskunft**: Azienda di Promozione Turistica (Verkehrsverband), Malcesine. **Bahnstation**: Rovereto (30 km). **Busverbindungen** mit Riva, Rovereto, Peschiera, Verona. **Bergbahnen**: Seilbahn, Sessellift.

Malcesine, das heute zu den besuchtesten und am besten ausgestatteten Gardaseeorten gehört, verdankt seinen Ruhm nicht zuletzt Goethe, der hier - beim Zeichnen der Burg - nur knapp seiner Verhaftung durch die Venezianer entging. Schon die Langobarden und die Franken errichteten hier Befestigungsanlagen, bevor der Ort an die Veroneser Bischöfe und dann an die Scaliger überging, die die Burg im 13. Jh. umbauten und hier später den Sitz des Seehauptmannes errichteten, der von 1504 bis 1702 den venetischen Ufergemeinden vorstand. Der alte Ortsteil drängt sich mit sehr pittoresken Winkeln und engen Gassen um die Burg und den malerischen, lebhaften Hafen mit seinen Cafés und Gasthäusern, während sich über die grünen Hänge des Monte Baldo unter Olivenhainen die neuen Villen und Ferienhäuser ausdehnen. Da von Malcesine aus eine Seilbahn auf den Monte Baldo führt, der für den Skisport gut gerüstet ist, sind hier - im Gegensatz zu den meisten anderen Gardaseeorten - auch im Winter zahlreiche Hotels geöffnet. Im Sommer werden die Wiesen des Monte Baldo zu einer herrlichen, für Spaziergänge und Wanderungen bestens geeigneten Gegend.

Sehenswert im Ort und in der Umgebung
Die **Scaligerburg** (13./14. Jh.) besteht aus mehreren Gebäuden, die vom 33 m hohen Hauptturm überragt werden (Panorama auf den See). Sie birgt ein kleines Museum von lokalem Interesse. Der **Palazzo dei Capitani del Lago** ist ein Renaissancebau mit einem reizvollen, zum See hin geöffneten Innenhof. Im ersten Stock befindet sich die „Sala delle Sedute" (Sitzungssaal) mit den freskogemalten Wappen der Seehauptmänner. Großes Interesse für Naturfreunde bringen die Naturschutzgebiete „Gardesana Orientale", bei der Fraktion Navene, und „Selva Pezzi", die die Gipfel des Monte Baldo der Veronese Seite miteinschließen.

Spazierwege und Bergtouren
Sehr schön ist die Uferpromenade, die um eine kleine Landzunge herumführt, von der aus man das winzige ,,Isolotto dell'Olivo" sieht, und die im Val di Sogno endet, 45 Min. Auf den Hügel Dos del Pis, 229 m, schöner Ausblick auf Malcesine, 30 Min. Von San Michele, 556 m, der Mittelstation der Monte-Baldo-Seilbahn im Abstieg auf einem Saumpfad nach Malcesine, dabei unterwegs herrliche Ausblicke auf den von der Burg überragten Ort und das gegenüberliegende Gardasee-Westufer, 1 Std. Auf die Cima Valdritta, 2218 m, den höchsten Gipfel des Monte-Baldo-Massivs; von der Bergstation der Monte-Baldo-Seilbahn geht man in südliche Richtung auf dem Europäischen FWW der immer längs des Kamms

Im Ziergarten des Palazzo dei Capitani / Nel giardino del Palazzo dei Capitani

Blick auf Malcesine, die Brentagruppe / Veduta su Malcesine, il gruppo del Brenta e le montagne del lago di Garda

oder knapp unterhalb verläuft und an von Latschenkiefern bewachsenen Felsen vorbeiführt, 2,30 Std. (mittel). Von dort in weiteren 2 Std. zum Rifugio Telegrafo. Zum Rifugio Altissimo „Damiano Chiesa", 2060 m, knapp unterhalb des Gipfels des Monte Altissimo di Nago; von der Bergstation der Monte-Baldo-Seilbahn durch die Ostflanke der Colma di Malcesine und der Bocca di Navene, 1430 m, dem niedrigsten Einschnitt des langen Monte-Baldo-Kamms (herrlicher Ausblick); von dort ein Stück der Straße „Generale Graziani" folgend und dann durch die Südhänge des Monte Altissimo ansteigend zur Hütte, 2,30-3 Std. (leicht). Zur Einsiedelei der Hl. Benigno und Caro, über S. Maggiore, Malga Fabio die Felsen der Porta del Vescovo berührend, immer in südlicher Richtung, 3,30 Std.

MANERBA DEL GARDA

Gde. (A 7), Prov. Brescia, Einw.: 2.935, Höhe: 65/216 m, Postltz.: I-25080. **Auskunft**: Pro Loco (Verkehrsverein), Manerba. **Bahnstation**: Desenzano (12 km). **Busverbindungen** mit Desenzano, Brescia, Salò.

Valtènesi heißt die ländliche Gegend, die sich zwischen Padenghe und Salò im Südwesten des Gardasees ausdehnt und mit ihren Moränenhügeln ein gutes Weinbaugebiet darstellt. Hier werden bekannte Weine produziert. Die Ortsteile von Manerba, dessen Name an die römische Göttin Minerva errinnert (wie Valtenesi vom Ausdruck „Valle degli Ateniesi" abgeleitet zu sein scheint), liegen hier über eine Landzunge verstreut, die in der Rocca di Manerba, 218 m, gipfelt: weithin sichtbar fällt sie mit steilen Felswänden zum See hin ab. Während der Langobardenzeit befand sich hier eine Burg, die 1787 zerstört wurde. Manerba selbst ist ein ruhiger Ort, dessen Bevölkerung sich zum Großteil der Landwirtschaft widmet. In der Bucht zwischen Punta Belvedere und Punta Portese und im nahen Ort S. Felice del Benaco (5 km) gibt es mehrere Campingplätze.

Sehenswert im Ort und in der Umgebung

Die **Kirche S. Maria** in Pieve Vecchia ist dreischiffig und mit Rundbögen unterteilt. Von den drei Apsiden ist nur die mittlere, sehr geräumige, erhalten. Die Fresken, die einst den Großteil der Wände bedeckten, sind in der Apsis noch erkennbar; ein Bruchstück ist auch im Mittelschiff noch erhalten. Diese gehen auf das 13./14. Jh. zurück. Die Kirche ist dem Hl. Rocco geweiht. In bezaubernder Lage befindet sich das **Kirchlein des Hl. Georg**. Im Innern interessante Fresken aus dem 14. Jh. Darunter befindet sich die Darstellung des Hl. Georg im Kampf mit dem Drachen. Die **Kirche SS. Trinità** in Solarolo, einschiffig, mit drei Spannbögen. Die Fassade mit typischer Rosette in Backstein. Im Innern an der Rückwand der Apsis Renaissancefresken. Die **Kirche Santa Lucia** in Balbiana, ebenfalls einschiffig, mit halbkreisförmiger Apsis. Interessante Fresken an den Wänden, die gotisierende Heilige und Madonnen auf dem Throne darstellen. Die **Kirche S. Caterina** in Gardoncino, einschiffig, aus dem 16. Jh. Erhalten ist noch die Rosette mit Strahlenkranz in Backstein. Die **Kirche des Hl. Bernardo** in Montinelle, einschiffig. Das Innere wurde erneuert und verändert. Einige Fresken mit Madonna auf dem Thron. In Solarolo die **Kirche S. Maria Assunta**, die 1981 ihr 200 jähriges Bestehen feierte. Nördlich davon die **Wallfahrtskirche Madonna del Carmine** aus dem Jahre 1600 in romanisch-gotischem Stil. Sehenswert im Innern die Gemälde aus derselben Zeit. Das **Oratorium S. Sivino**, einschiffig, Vorderseite mit Satteldach und kleiner Rosette oberhalb des Einganges. Das **Museum für Geschichte und Archäologie des Valtenesi** in Montinelle, in dem Ausgrabungsfunde verschiedener Zeiten ausgestellt sind. Die „**Enoteca Valtenesi**" (Weinausstellung) mit den besten Weinerzeugnissen des Gebietes.

Spazierwege und Bergtouren

Auf die Rocca di Manerba, von Solarolo (Gemeindesitz) über Montinelle; von dort auf asphaltierter Straße, zwischen Olivenbäumen und Kiefern fast bis auf den Felsvorsprung von dem man ein herrliches Panorama genießt: Sirmione, S. Martino, Solferino, Bardolino, Garda, bis hinauf nach Riva; außerdem überblickt man die ganze westliche Seite, Gargnano, Toscolano, Maderno, Gardone Riviera, die Einbuchtung von Salò und die Moränenhügel des Valtenesi; Manerba ist der wichtigste Ort des Valtenesi und einer der besten Lidos der Brescianer Gardesana. Die Insel Isola di Garda, ist die größte Gardaseeinsel. Der heilige Franziskus gründete hier der Überlieferung nach im 13. Jh. eine Einsiedelei, und auch in den folgenden Jahrhunderten befand sich auf der Insel ein Zentrum religiösen Lebens und Forschens. Heute gehört sie den Grafen Borghese-Cavazza, die hier eine Villa in neugotischem Stil errichteten. Von Manerba über San Felice del Benaco, das 5 Km entfernt ist, nach Puenago, einem hübschen Bauerndorf mit Gebäuden aus dem Mittelalter. In Puenago befindet sich der Luconesee, der beinahe gänzlich von Lotosblumen bedeckt und Ziel von Spaziergängen ist. Nach Polpenazze (3 km westlich Manerba), ein hübsches, von Olivenhainen und Weingärten umgebenes Bauerndorf, das sich zu einem Residenzzentrum entwickelt hat. Hier befinden sich die Ruinen eines mittelalterlichen Schlosses und eine Kirche aus der Renaissance. Das Kirchlein S. Pietro befindet sich auf einem Felssporn und birgt gute Fresken. In unmittelbarer Nähe lebte eine Pfahlbauten-Gemeinschaft und dort wurde ein Einbaum aus der Bronzezeit gefunden. In Soiano besitzen die Omodeo eine Burg. Im Ort sind eine Unzahl von neuen Villen entstanden. In Moniga, 3 km Entfernung, und Padenghe, 4 km, stehen ebenfalls Burgen; während jene von Padenghe gut erhalten ist, sind von jener von Moniga nur die Außenmauern erhalten.

MOLINA DI LEDRO

Gde. (C 1), Prov. Trento, Einw: 1.485, Höhe: 638 m, Postltz.: I-38060. **Auskunft**: Pro Loco (Verkehrsverein), Molina di Ledro. **Bahnstation**: Rovereto (30 km). **Busverbindungen** mit Riva, Rovereto, Trento.

Der Ort liegt wenige Minuten vom Ostufer des Ledrosees entfernt, wo im Jahr 1929 während der Bauarbeiten des Ponale-Elektrizitätswerks die Reste eines Pfahlbaudorfs aus der Bronzezeit zwischen 2000 und 1200 v.Chr. ans Tageslicht getreten sind. Außer rund zehntausend Pfählen, die sich auf einer Oberfläche von etwa 4500 qm ausdehnen, fand man hier interessante Schmuck- und Gebrauchsgegenstände aus Keramik, Bronze, Stein und Feuerstein, Holz, und Bernstein, die jetzt im neuen Pfahlbau-Museum am Seeufer ausgestellt sind. Auch dank seiner ruhigen Lage inmitten dieses grünen Tales hat sich der Ledrosee zu einer vielbesuchten Sommerfrische entwickelt mit entsprechenden Fremdenverkehrseinrichtungen. Molina selbst, dessen Bewohner sich einst der Eisenverarbeitung widmeten, konnte in den letzten Jahren einen vielversprechenden touristischen Aufschwung verzeichnen. In Richtung Tremalzo, Tremosine und Limone bieten sich verschiedene Ausflüge und Touren an; dabei können die ex-Heeresstraßen benutzt werden, da dieses Gebiet einst die Grenze zwischen Österreich und Italien war. Das Ledrotal verdankt seine Bekanntheit auch den Kämpfen, die dort im Sommer 1866 zwischen Österreichern und Garibaldis Scharen ausgefochten wurden.

Sehenswert im Ort und in der Umgebung
Die **Pfahlbauten** am Seeufer, wo neben dem neuen Museum ,,Antiquarium di Molina", das von der Provinzverwaltung Trento und dem **Naturwissenschaftlichen Museum** in Trento errichtet worden ist, auch eine Hütte in ihrer vermutlich ursprünglichen Form aufgebaut worden ist. Die **Wallfahrtskirche Maria Assunta** in Barcesino, mit Fresko von Giuseppe Craffonara, die man auf einem angenehmen Spazierweg erreicht (15 Min.).

Spazierwege und Bergtouren
Zum Pian di Pur, einem wunderschönen Talkessel; auf einer Fahrstraße am südöstlichen Seeufer entlang, 40 Min. In weiteren 30 Minuten erreicht man von dort die Malga Cita (auch mit Auto). Nach Pieve di Ledro am Westende des Sees, man spaziert geruhsam am südlichen Seeufer entlang, 1,30 Std. Zum Tremalzo-Paß, 1694 m (s. Storo), der durch seinen Blumenreichtum im Sommer und seinen guten Wintersportmöglichkeiten bekannt geworden ist und von dem aus sich ein weites Panorama bietet. Von Molina di Ledro durch das Val di Pur über die Malga Cita und die Malga Giù, 3,30 Std. (leicht), auch im Auto bis zur Malga Cita und von dort zu Fuß in 2 Std. Nach Vesio (einer kleinen Fraktion der Gemeinde Tremosine), zuerst zum Passo di Nota, 1384 m, und von dort durch das einsame Bondotal, längs der Fahrstraße, 4 Std. (leicht).

PADENGHE SUL GARDA

Gde. (A 8), Prov. Brescia, Einw.: 2.030, Höhe: 127 m, Postltz.: I-25080. **Auskunft**: Pro Loco (Verkehrsverein). Padenghe. **Bahnstation**: Desenzano (6,5 km).

Nur ein Kilometer vom Ufer entfernt erhebt sich an der Bucht von Desenzano im Südwesten des Gardasees Padenghe, das von einem Burghügel überragt wird. Olivenhaine und Weingärten, in denen der Rotwein ,,Moniga" gedeiht, dehnen sich um diesen Ort in der lieblichen Hügellandschaft der Valtenesi aus, die für ruhige Urlaubstage wie geschaffen ist; denn die Gegend ist - trotz der vielen Zeltplätze - noch nicht vom Massentourismus entdeckt worden und hat sich ihre einfache, ländliche Atmosphäre bewahren können.

Sehenswert im Ort und in der Umgebung
Die aus dem 10. Jh. stammende **Burg** mit Ringmauern und viereckigen Türmen. Die kleine romanische **Sant'Emiliano-Kirche** aus dem 12. Jh. Die **Abtei von Maguzzano** (3 km südlich Pedenghe) wurde 922 von den Ungarn zerstört, später (12./15. Jh.) wieder aufgebaut. Aus dem 15. Jh. stammt auch der Kreuzgang neben der freskenverzierten Kirche.

Spazierwege und Bergtouren
Nach Moniga del Garda (3,5 km), ein reizvolles Bauerndorf, das sich in letzter Zeit zum Fremdenverkehrsort entwickelt hat. Erhaben ragen hier die Reste einer mittelalterlichen Burg auf; bemerkenswert ist die Villa Bertazzi mit freskenverziertem Laubengang. Nach Soiano del Lago (4 km nördlich), ein kleines Dorf mit den Überresten einer Burg aus dem 11. Jh. Auf diesem Spaziergang längs einer asphaltierten Straße kann man den ganzen Reiz der heiteren, hügeligen Landschaft des Valtenesi genießen.

PESCHIERA DEL GARDA

Stadtgde. (BC 9), Prov. Verona, Einw.: 8.470, Höhe: 68 m, Postltz.: I-37019. **Auskunft**: Azienda di Promozione Turistica (Verkehrsverband), Peschiera. **Bahnstation**: Peschiera.

Peschiera liegt am Südostende des Gardasees, wo der einzige Abfluß, der Mincio, den See verläßt. Wegen seiner strategischen Bedeutung war der Ort im Lauf der Geschichte heiß umstritten, und unterstand verschiedenen Herrscherhäusern. Daß er schon in der Vorgeschichte besiedelt war, bezeugen in dieser Gegend gemachte archäologische Funde; die Römer nannten das schon damals blühende Handels- und Handwerkszentrum „Arilica". Auch im Mittelalter umstritten, ging es später von den Scaligern an die Gonzaga-Fürsten aus Mantua und schließlich im 16. Jh. an die Venezianer über, die Guidobaldo II della Rovere, Herzog von Urbino und den berühmten Festungsbaumeister Michele Sammicheli mit der Errichtung der Burg beauftragten, die später von Napoleon weiter befestigt wurde. Unter Österreich schließlich bildete Peschiera - zusammen mit Verona, Legnago und Mantua - das bekannte und militärisch so wichtige Festungsviereck „Quadrilatero". Heute ist Peschiera ein gut besuchter Sommerfrischort, der sich außerhalb der Festungsmauern, dem Seeufer entlang, entwickelt hat.

Sehenswert im Ort und in der Umgebung
Die fünfeckige **Schutzmauer**, die 2250 m lang ist, und die **Festungsreste**. Die **„Palazzina storica"** frühere Festung Kommando der Österreicher; eine Inschrift erinnert an das Treffen, an dem am 8. November 1917 der italienische König Viktor Emmanuel III. und die Vertreter der verbündeten Mächte teilnahmen und auf dem die neue Verteidigungslinie am Piave festgelegt wurde. Die **Wallfahrtskirche Madonna del Frassino** (2,5 km) stammt aus dem 16. Jh., wurde aber Anfang dieses Jahrhunderts umgebaut. Im Inneren die zehn Zentimeter hohe Statue der Madonna und Gemälde von Paolo Farinati (16. Jh.). Im **Kreuzgang** des nahen Klosters sind Fresken in den Lünetten mit Geschichten aus dem Leben des Hl. Franziskus dargestellt (17. Jh.). In der Nähe der **Vergnügungspark „Gardaland"**: und der Gartenpark **„Parco Giardino Sigurtà"**, bei Valeggio sul Mincio.

Spazierwege und Bergtouren
Die Seepromenaden und das Mincio-Ufer südlich der Stadt bieten angenehme Spaziergänge. Fahrradweg von Peschiera nach Mantua, durch das Minciotal.

RIVA DEL GARDA

Stadtgde. (D 1), Prov. Trento, Einw.: 13.609, Höhe: 73 m, Postltz.: I-38066. **Auskunft**: Azienda di Promozione Turistica (Verkehrsverband), Riva del Garda. **Bahnstation**: Rovereto (21 km). **Bergbahnen**: Sessellift.

Am äußersten Nordende des Gardasees gelegen, ist Riva der größte und einer der berühmtesten unter den zahlreichen Orten, die sich an seinen Ufern ausdehnen. Zwei Straßen aus dem Norden - die von Trient durch das wildromantische Sarcatal und die durch das Etschtal über Rovereto und Mori - treffen hier auf die beiden Uferstraßen des Gardasees, auf denen man auch an einem Tag eine abwechslungsreiche Fahrt rund um den See unternehmen kann. Seine strategisch günstige Lage machte Riva schon zur Römerzeit zu einem bedeutenden ,,vicus", der von Brescia abhing; später kämpften die Trentiner Fürstbischöfe, die Veroneser Scaliger, die Mailänder Visconti und die Venezianer um den Besitz der Stadt, und die bedeutendsten Bauwerke zeugen von dem wechselhaften Schicksal. Im Jahr 1438 fand auf dem See eine entscheidende Schlacht statt, die den Venezianern nach einem genialen Schiffstransport (s. Torbole-Nago) den Sieg über die Mailänder und damit den Besitz von Riva sicherten. Riva ist heute ein lebhaftes, elegantes Städtchen, das sich durch ein mildes Klima auszeichnet und dem Touristen alles zu bieten vermag, was seinen Aufenthalt angenehm

Der Innenraum der Kirche dell'Inviolata / L'interno della Chiesa dell'Inviolata

und kurzweilig gestalten kann. Der alte Stadtteil drängt sich mit Palästen, Laubengängen und schmalen Gassen um den Hafen, während sich gegen die Sarcamündung und gegen Norden, Richtung Torbole und Arco, moderne Bauten ausdehnen.

Sehenswert im Ort und in der Umgebung

Die **Piazza 3 Novembre** ist das Zentrum der Stadt, umgeben von **Laubengängen** des 14. Jh., mit dem **Palazzo Pretorio** aus dem 14. Jh., dem **Palazzo Municipale** aus dem 15. Jh. Auf dem Platz erhebt sich auch der 34 m hohe Turm **Torre Apponale** aus dem 13. Jh., der im 16. Jh., erhöht wurde und der zum Symbol von Riva geworden ist. Die Apsis der **San-Rocco-Kirche** aus dem 16. Jh., die im Gegensatz zur restlichen Kirche die Zerstörungen des ersten Weltkriegs überlebte, mit Fresken und Stukkaturen. Die **Rocca**, eine mächtige Wasserburg, die im 12. Jh. errichtet und später von den Scaligern, den Venezianern und den Trentiner Fürstbischöfen erweitert wurde. Im Hof, den man über eine antike Zugbrücke betritt, sind römische und mittelalterliche Sarkophage erhalten. In den oberen Stockwerken das **Städtische Museum** mit archäologischen, geologischen und mineralogischen Gegenständen, geschichtlichen Dokumenten, einer kleinen Gemäldesammlung, einer völkerkundlichen Abteilung, Waffen, Kupferstichen und alten Büchern. Die **Inviolata-Kirche** aus dem frühen 17. Jh. Außen in strengen Renaissanceformen, ist sie im Innern ein an Stuck- und Golddekorationen reiches Barockbauwerk eines unbekannten portugiesischen Architekten. An den Altären Gemälde von Palma dem Jüngeren; die Wandmalereien stammen von Pietro Ricchi und Teofilo Turri. Zur Zeit (1994) ist das Gebäude wegen Renovierungsarbeiten geschlossen.

Spazierwege und Bergtouren

Zum Bastione, 212 m, Reste einer von den Venezianern erbauten Festung, durch Nadelwald ansteigend genießt man von oben einen herrlichen Ausblick auf Riva und seine Umgebung, 30 Min. Auf den Monte Brione, 376 m, der sich wie ein Schiffsbug zwischen Riva und dem Sarca-Fluß bis ans Gardaseeufer vorschiebt und ein weites Panorama bietet; auf dem Berg findet man noch die Reste österreichischer Befestigungsanlagen, 1 Std. (auch mit Auto). Zum Varone-Wasserfall (4 km), der in einer engen Klamm 80 m tief hinabstürzt. Zur Santa-Barbara-Kapelle, 625 m, die sich auf den Felsen des Monte Rocchetta erhebt. In der Nähe der Kapelle eine kleine Berghütte (Schlüssel bei der Sektion Riva der SAT), 1,30 Std. (leicht). Nach Biacesa (Ledrotal) über Santa Barbara, von dort am Fuß der Felsen des Monte Rocchetta weiter ansteigend und schließlich im Abstieg durch Wald zu diesem malerisch gelegenen Bauerndorf, 4 Std. (mittel). Siehe auch KOMPASS-Wanderkarte Nr. 101 „Rovereto-M. Pasubio".

SALÒ

Stadtgde. (A 6), Prov. Brescia, Einw.: 10.140, Höhe: 75 m, Postltz.: I-25087. **Auskunft**: Ufficio I.A.T., Salò. **Bahnstation**: Desenzano (20 km). **Busverbindungen** mit Desenzano, Brescia, Mailand, Verona, Trento.

Das Städtchen Salò liegt, vor Winden geschützt, an der gleichnamigen Bucht am Westufer des Gardasees, wo die „Riviera bresciana" beginnt, die sich bis Gargnano ausdehnt und von einer besonders üppigen Mittelmeervegetation gekennzeichnet ist. Schon in der Römerzeit als „Salodium" bekannt, wurde Salò im 14. Jh. zum Hauptort der Riviera bresciana und der „Magnifica Patria" erhoben, und auch die Venezianer, denen Salò von 1425 bis 1797 unterstand, verliehen der Stadt zahlreiche Privilegien. Die eleganten Bauwerke zeugen auch heute noch von der Blütezeit des Orts. Nach dem 8. September 1943 hatten hier und in den anderen Uferorten bis Gargnano viele Ministerien der von Mussolini angeführten „Italienischen Sozialistischen Republik" und auch hohe deutsche Militärkommandos ihren Sitz. In Salò wurde im 16. Jh. Gasparo Bortolotti geboren, der - als „Gasparo da Salò" bekannt - als Erfinder oder zumindest Verbesserer der Geige gilt.

Sehenswert im Ort und in der Umgebung

Der **Dom** wurde im 15. Jh. in gotischem Stil errichtet, während die Fassade ein Renaissanceportal aus dem frühen 16. Jh. schmückt. Sein Inneres birgt viele Kunstwerke, besonders Gemälde u.a. von Paolo Veneziano, Gerolamo Romanino, Zenon Veronese, Palma dem Jüngeren und Andrea Celesti. Im Chor ein hölzernes Kruzifix von Johannes von Ulm (1449). Der **Palazzo della Magnifica Patria** aus dem 16. Jh., der eine wertvolle Bibliothek mit alten Manuskripten, Frühdrucken und Kodexen enthält. In Barbarano der **Palazzo Martinengo**, den der Markgraf Sforza Pallavicino im 16. Jh. errichten ließ.

Spazierwege und Bergtouren

Nach Porto Portese, ein pittoreskes Fischerdorf am Südufer der Bucht, das schöne Ausblicke auf den See bietet, 50 Min. Zur Wallfahrtskirche Madonna del Rio, 177 m, die man auf dem Weg über das Dorf Renzano erreicht, 1 Std. Großartige Ausblicke öffnen sich auf dem Rückweg über Gazzane und Trobiolo, 1 Std. Auf den Monte San Bartolomeo, 568 m, einen Aussichtsberg nördlich von Salò. Über Renzano durch das Valle Madonna del Rio, ein einsames Tal, in leichtem Anstieg bis kurz vor Serniga, wo man rechts abbiegt und über den Ort San Bartolomeo den Gipfel erreicht. Zurück an dem der Bucht von Salò zugeneigten Hang in ziemlich steilem Abstieg, aber mit herrlichem Panorama, insgesamt 3,30-4 Std. (leicht). Zum Rifugio Spino, 1165 m, über Serniga und durch das einsame, grüne Val di Sur, zuerst ziemlich eben dann am Ende eher steil ansteigend, 4,30-5 Std. (leicht). Auch mit Auto bis Verghere, von dort in 1,45 Std. zur Hütte (leicht).

SAN ZENO DI MONTAGNA

Gde. (C 6), Prov. Verona, Einw.: 1.070, Höhe: 250/1875 m, Postltz.: I-37010. **Auskunft**:Azienda Promozione Turistica (Verkehrsverein), San Zeno di Montagna. **Bahnstation**: Peschiera (25 km). **Busverbindungen** mit Peschiera, Verona. **Bergbahnen**: Sessellifts.

Zwischen Wiesen und Wäldern dehnt sich an den Südwestausläufern des Monte Baldo der Ort San Zeno di Montagna aus. Der Ort ist auf einer kurvenreichen Straße von Torri del Benaco aus nach 10 km oder von Garda aus nach 11 km erreichbar; außerdem ist er nur 14 km von der Autobahnausfahrt entfernt (Brennerautobahn), von Verona trennen ihn 38 km. Die beliebte Sommerfrische hat sich neuerdings auch als Wintersportort entwickelt, und das dank der guten Skisportmöglichkeiten in Prada, einer sanften, grünen Talmulde in 1000 m Höhe, und Ortigaretta-Costabella. Weit schweift von San Zeno aus der Blick über den ganzen Gardasee bis hin zu den schneebedeckten Gipfeln des Adamello, der Brentagruppe und sogar bis Venedig. Interessant sind Flora und Fauna.

Spazierwege und Bergtouren

Nach Castione Veronese (4,5 km) wo in einem weiten Park die barocke Villa

Pellegrini liegt; auf asphaltierter Straße erreichbar, 1 Std. Nach Pai am Gardaseeufer, im Abstieg durch Weingärten und Olivenhaine mit schöner Aussicht, 45 Min. Nach Castelletto di Brenzone, bis Borno auf asphaltierter Straße und von dort in sanftem Gefälle nach Biazza und Castelletto, 1 Std. Zum Rifugio Chierego, 1911 m, von Prada (9 km von San Zeno) zur Bocchetta di Naole und von dort dem Kamm der Costabella entlang, bei großartigem Panorama, zur Hütte, 3 Std. (leicht). Sehr aufschlußreich ist eine Autofahrt auf der Panoramastraße, die von Torri del Benaco nach San Zeno di Montagna und Prada ansteigt und dann durch die Westhänge des Monte Baldo verläuft, um schließlich wieder mit vielen Kurven nach Porto di Brenzone (zwischen Torri del Benaco und Malcesine), am Gardaseeufer zurückzuführen.

SIRMIONE

Gde. (B 8), Prov. Brescia, Einw.: 5.460, Höhe: 68 m, Postltz.: I-25019. **Auskunft**: Azienda di Promozione Turistica (Verkehrsverein), Sirmione. **Bahnstation**: Desenzano (9 km). **Busverbindungen** mit Desenzano, Brescia, Verona, Mailand.

Im Süden des Gardasees, wo auf den Moränenhügeln der bekannte Weißwein Lugana gedeiht, schiebt sich die schmale, ca. drei Kilometer lange Halbinsel Sirmione vor, die den Golf von Desenzano von dem von Peschiera trennt und die als Fremdenverkehrs- und Kurort das ganze Jahr über besucht wird. Sowohl der heutige Ort Sirmione selbst als auch Colombare auf dem Festland gehen auf die Römerzeit zurück, von der zahlreiche archäologische Funde zeugen, und vor allem der Dichter Catullo (87-54 v. Chr.) hielt sich hier auf und widmete ihr sein berühmtes XXXI. Karmen. Außer der römischen Villa ,,Grotte di Catullo" sind auch auf den Hügeln San Pietro in Mavino und Cortine die Reste herrschaftlicher Landsitze der Römerzeit ans Tageslicht getreten. Die Königin Ansa, Gemahlin des Desiderius, König der Langobarden, gründete auf der Halbinsel ein Kloster, und später entstand hier eine Burg, von der aus ein großer Teil des Sees kontrolliert werden konnte. Vom 12. Jahrhundert an gehörte Sirmione, das vorher unabhängig gewesen war, den Veroneser Herren della Scala, und 1405 ging es an die Republik Venedig über, bei der es bis 1797 blieb. Heute wird Sirmione als Ferien- und Kurort das ganze Jahr über besucht. Mit seinen eleganten Hotels, den engen Gassen und malerischen Winkeln vereint Sirmione Modernes mit Antikem. Zusammen mit Punta San Vigilio ist es der romantischste und meist fotografierte Ort des Gardasees. Als Kurort wird er vor allem zur Behandlung rheumatischer Leiden und bei Erkrankungen der Atemwege, aber auch bei Gehörleiden aufgesucht. In zwei modernen Kurhäusern und einigen Hotels, die über eigene Kuranlagen verfügen, wird dabei das Wasser der schwefelhaltigen Quelle ,,Boiola", die bei einer Temperatur von 69 Grad etwa 300 Meter nordöstlich der Halbinsel aus dem Seeboden quillt, zu Bädern, Schlammbädern und Inhalationen verwendet.

Sehenswert im Ort und in der Umgebung

Die **Rocca Scaligera** bildet den einzigen Zugang zur Halbinsel, die man von der Burg an zu Fuß betreten sollte. Im 14. Jh. wahrscheinlich von Mastino I. della Scala errichtet, erhebt sich dieses mächtige Bauwerk mit zinnengekrönten Türmen und Mauern aus dem Wasser. Im ersten Innenhof steht der 40 m hohe Hauptturm, von dem aus man eine herrliche Aussicht genießen kann. Außerdem befindet sich hier interessantes archäologisches Material aus der Römerzeit und

Grotte di Catullo

dem Mittelalter. Die **Kirche Santa Maria Maggiore** aus dem 15. Jh., mit hübschem Vorbau, dessen eine Säule ein Meilenstein des 4 Jh. ist. Im Inneren Fresken, Gemälde und Holzschnitzarbeiten des 15. und 16. Jh. Sehr charakteristisch ist der Kirchturm. Die **„Grotten des Catullo"** am Nordende der Halbinsel sind die fälschlicherweise so bezeichneten, großartigen Reste einer römischen Villa der frühen Kaiserzeit, der größten bisher in Norditalien entdeckten, mit Fresken des 1. und 2. Jh. n. Chr., luxuriösen Thermalanlagen und anderen interessanten Räumen. Herrliches Panorama vom Olivenhain, der die 23.000 qm große archäologische Zone umgibt, über den Gardasee bis hin zu den Bergen im Norden. Die **Kirche San Pietro in Mavino**, die auf das 8. Jh. zurückgeht, aber im 11. und im 14. Jh. restauriert wurde. Im Inneren birgt sie Fresken die auf verschiedene Epochen zurückgehen (13.-16. Jh.). Die Reste des **S. Salvatortempels** aus dem 8. Jh. mit Wandmalereien des 9. und 14. Jh.

TIGNALE

Gde. (C 4-3), Prov. Brescia, Einw.: 1.265, Höhe: 65/1560 m, Postltz.: I-25080. **Auskunft**: Pro Loco (Verkehrsverein), Gardola di Tignale. **Bahnstation**: Desenzano (45 km). **Busverbindungen** mit Desenzano, Brescia, Mailand.

Zwischen Campione und Gargnano biegt am Westufer des Gardasees eine Straße ab, die durch Olivenhaine, durch steile Felsenhänge und der engen Klamm des Piovere-Bachs auf die liebliche Hochfläche der Gemeinde Tignale führt, über die die 6 Fraktionen Gardola (Gemeindesitz), Olzano, Aer, Oldesio, Prabione und Piovere, verstreut liegen. Herrlich ist der Blick vom Belvedere aus auf den mehr als 500 m tiefer liegenden Gardasee und auf die sich dahinschlängelnde ,,Gardesana bresciana''. Der Ort, der mit der Hochfläche von Tremosine durch eine reizvolle Straße verbunden ist, von der aus sich großartige Ausblicke auf den See öffnen, bietet bequeme Spazierwege und Wanderungen, die vor allem im Abstieg zum See hin äußerst stimmungsvoll sind, da sie durch die typische, vielbesungene Gardaseelandschaft führen. Das gesamte Gemeindegebiet gehört zum ,,Parco dell'Alto Garda Bresciano", der 1989 gegründet wurde und der neun Gemeinden der Brescianer Seite des Gardasees einnimmt.

Sehenswert im Ort und in der Umgebung

Die **Wallfahrtskirche Madonna di Monte Castello** (1,5 km von Gardola) erhebt sich in 691 m Höhe auf einem senkrecht zum See abfallenden Felsen und bietet ein weites Panorama. Die Kirche stammt aus dem 13./14. Jh., wurde aber später umgebaut. Im Inneren ein Fresko aus dem 14. Jh. und Gemälde von Andrea Celesti (17. Jh.).

Spazierwege und Bergtouren

Nach Prabione, ein kleines Dorf oberhalb der Valle di San Michele, 20 Min. von Gardola. Nach Campione del Garda, früheres Industriezentrum am Seeufer: von der Madonna di Monte Castello, zuerst eben, dann in steilem Abstieg, 1,30 Std. Nach Porto di Tignale, einen pittoresken Ort am Seeufer mit alten Häusern und Zitronengärten, im Abstieg von Oldesio aus auf einem steilen Pfad, 1,30 Std. Nach Gargnano, auf einem reizvollen Weg, der oberhalb der Gardesana-Straße durch Olivenhaine und Felswände führt. Von Gardola über Oldesio in die tiefe Piovere-Klamm und über Piovere; von dort über den Ort Muslone nach Gargnano, 3 Std. Nach Costa, einem winzigen Bergdorf in einem Seitental des Valle Toscolano: von Gardola aus auf einer ehemaligen Heeresstraße zum Dosso Piemp, 1207 m, dann dem Kamm entlang zum Passo d'Ere, 1131 m, und von dort über den Passo della Colomba, 1109 m, nach Costa: eine stimmungsvolle Wanderung mit Einblicken in die einsame, noch unberührte Landschaft. Von Costa aus hat man die Möglichkeit, auf der Straße über Gargnano nach Tignale zurückzukehren, 4-5 Std. von Tignale nach Costa (leicht).

Die Wallfahrtskirche Madonna di Castello / Santuario della Madonna di Monte Castello

TORBOLE

Fraktion der Gde. Nago-Torbole (D 1), Prov. Trento, Einw.: 980 (2.319 in der ganzen Gemeinde), Höhe: 65 m, Postltz.: I-38069. **Auskunft**: Azienda di Promozione Turistica (Verkehrsverein), Torbole. **Bahnstation**: Rovereto (18 km). **Busverbindungen** mit Riva, Rovereto, Trento, Verona.

Fährt man von Rovereto in Richtung Gardasee überblickt man von Nago aus den nördlichen, zwischen hohen Felswänden eingeschlossenen Teil des Sees, und Torbole ist die erste Ortschaft die uns begegnet. Torbole ist eine der bekanntesten Sommerfrischen des Gardasees. Es drängt sich mit alten Häusern und modernen Hotels um den bunten, pittoresken Hafen, an dem eine schöne Seepromenade beginnt. Auch Goethe hielt sich im September 1786 einige Tage in Torbole auf, und die Bürger des Ortes haben ihm ein kleines Denkmal gesetzt. Etwa ein Kilometer südlich Torbole mündet der Etsch-Garda-Tunnel in den Gardasee, durch den das Etschwasser bei gefährlich hohem Wasserstand in den Gardasee abgeleitet werden kann. In Nago oberhalb Torbole wurden zahlreiche archäologische Funde gemacht, die von einer vorgeschichtlichen Besiedlung zeugen. Nago und Torbole, die heute eine einzige Gemeinde bilden, sind auch durch eine originelle Unternehmung bekannt, die in die Kriegsgeschichte eingegangen ist. Als im 15. Jahrhundert die Venezianer und die Mailänder Visconti um die Vorherrschaft auf dem oberen Gardasee kämpften und die Mailänder im Vorteil zu sein schienen, schafften die Venezianer im Jahr 1438 von der Etsch her eine kleine, aus etwa 30 Schiffen bestehende Flotte auf dem Landwege, von Ochsengespannen gezogen, nach Torbole. In einem Überraschungsangriff besiegten sie die Visconti und besetzten Riva, das dann unter ihrer Herrschaft verblieb.

Sehenswert im Ort und in der Umgebung
Die Ruine des **Castel Penede** bei Nago (10 Min. vom Ort), die sich auf einem den Gardasee überragenden Felsenhügel erhebt. Die Burg gehörte den Grafen Arco, dann den Castelbarco, den Venezianern und wieder den Arco, bis sie 1703 von den französischen Truppen des Generals Vendôme zerstört wurde. Die **San-Vigilio-Pfarrkirche** in Nago (17. Jh.) mit schönem Portal des 16. Jh. und romanischem Kirchturm. Unterhalb der Straße, die von Nago nach Torbole führt, sind eindrucksvolle **Gletschermühlen** („marmitte dei giganti") zu sehen, die während der Eiszeit vom Gletscher ausgeschliffen worden sind und die man entlang des Osthanges des Sarcatals bewundern kann; sie beginnen bereits in Padergnone.

Spazierwege und Bergtouren
Von Nago nach Torbole oberhalb der Straße, durch einen kahlen Felshang, auf dem das Feriendorf „Europa" entstanden ist; dabei stimmungsvolle Ausblicke auf den Gardasee, 30 Min. Zur Altissimo-Hütte „Damiano Chiesa", 2060 m, in unmittelbarer Nähe des Monte Altissimo di Nago; von Nago auf dem Friedensweg „Sentiero della Pace'' durch die Nordwesthänge des Monte Altissimo, der ein großartiger Aussichtspunkt nach allen Richtungen hin ist, 4,30 Std. (leicht). Zur Malga Casina, 983 m, in deren Nähe sich die Kapelle Sacro Cuore erhebt, die von den italienischen Soldaten während des ersten Weltkrieges errichtet worden ist. Man erreicht sie von Nago über die Malga Zures, wo zwischen 1916 und 1918 harte Kämpfe zwischen Italienern und Österreichern stattfanden, 2,30 Std. (leicht.).

TORRI DEL BENACO

Gde. (B 6), Prov. Verona, Einw.: 2.430, Höhe: 67 m, Postltz.: I-37010. **Auskunft**: Azienda di Promozione Turistica (Verkehrsverein), Torri del Benaco. **Bahnstation**: Peschiera (25 km). **Busverbindungen** mit Peschiera, Verona, Riva.

Der äußerst pittoreske Ort, der durch eine Autofähre mit Maderno am Westufer des Gardasees verbunden ist, hat in vielen Winkeln noch sein mittelalterlich romantisches Antlitz bewahrt. Schon zur Römerzeit als „Castrum Turrium" bekannt, wurde Torri del Benaco im 9. Jahrhundert der Hauptort des „Consiglio benacense", zu dem sich achtzehn Gardaseegemeinden zusammengeschlossen hatten.

Sehenswert im Ort und in der Umgebung

Die Reste der **Scaligerburg** aus dem 14. Jh., neben dem Hafen. Die **Santa-Trinità-Kapelle**, mit Fresken aus der Giotto-Schule. **Römischer Stadtteil**, gut erhalten, nahe der Pfarrkirche, **„Il Trincerone"** genannt.

Spazierwege und Bergtouren

Nach Albisano, 376 m, in herrlicher Lage am Hang oberhalb Torri del Benaco, auf einem steilen Pfad durch Olivenhaine, 50 Min. Auf den Monte Are, 381 m, von Torri aus oberhalb der Gardesana-Straße durch Felder, Olivenhaine und Weingärten, 30 Min. Nach Pai, einem 6 km nördlich von Torri gelegenen Weiler, mit dem es durch einen Saumpfad verbunden ist, über Crero, 1,45 Std. Nach San Zeno di Montagna, 700 m, von Torri über Albisano, auf einer breiten Panoramastraße, 2 Std.

TOSCOLANO-MADERNO

Gde. (AB 5), Prov. Brescia, Einw.: 6.800, Höhe: 80 m, Postltz.: I-25088. **Auskunft**: Azienda di Promozione Turistica (Verkehrsverein), Maderno. **Bahnstation**: Desenzano (28 km). **Busverbindungen** mit Desenzano, Brescia, Riva.

Am Delta des Toscolano-Bachs, das sich am Westufer durch seine tausendjährige Arbeit wie eine Landzunge in den Gardasee vorgeschoben hat, liegen die beiden Orte Toscolano und Maderno, die heute miteinander verschmolzen sind und zu einer Gemeinde zusammengeschlossen wurden. Toscolano scheint das römische „Benacum" gewesen zu sein, das dem See seinen ursprünglichen Namen - nämlich „Benacus" - gab und durch zahlreiche archäologische Funde bezeugt wird, aber bei einer Überschwemmung vernichtet worden sein soll. Maderno dagegen war vom 9.-14. Jahrhundert der Hauptort der Brescianer Riviera, war Sommersitz der Fürsten Gonzaga aus Mantua und ging später - bis 1797 - an die Venezianer über.
Vom 14. Jahrhundert an blühte hier die Papierindustrie; in den Weilern Cecina und Messaga lebte die Buchdruckerkunst auf, und 1487 wurde hier die lateinische Bibel gedruckt, die Martin Luther für seine Übersetzung ins Deutsche benutzte. Die Papierindustrie ist heute noch ein wichtiger Faktor in der lokalen Wirtschaft, wenn sich inzwischen auch Toscolano und Maderno zu bekannten und gut besuchten Fremdenverkehrsorten entwickelt haben. Ein Fährdienst bringt die Autos vom Hafen nach Torri del Benaco auf dem Veroneserufer des Sees. Auch dieses Gemeindegebiet ist Teil des erst kürzlich errichteten «Parco dell'Alto Garda Bresciano» (1989).

Sehenswert im Ort und in der Umgebung
Die romanische **San-Giovanni-Kirche** (früher St. Andreas-Kirche) in Maderno aus dem 12. Jh., mit strenger Fassade und schönem gehauenen Portal.
Im Inneren sehr interessante Kapitelle und Steinplastiken aus langobardischer Zeit und die Krypta mit einem römischen Grabmal. Die **Pfarrkirche S. Andrea** in Maderno aus dem 18. Jh. mit Gemälden von Paolo Veronese und Andrea Celesti. Die K**irche der Hl. Pietro und Paolo** in Toscolano (16. Jh.), mit Barockportal; im Inneren Holzskulpturen des 16. Jh. und Gemälde von Brusasorci und Andrea Celesti, der hier von 1688-1700, offenbar aus Venedig verbannt, lebte und im Ort und in der Umgebung zahlreiche Werke hinterließ. Gleich daneben die kleine Kirche der **Madonna del Benaco** mit Fresken des 16. Jh. Die Reste einer antiken **römischen Villa** in Toscolano, mit schönen, mehrfarbigen Mosaiken.

Spazierwege und Bergtouren
Nach Maclino (herrliches Panorama), von Maderno, 30 Min. Eine reizvolle Wanderung führt von Maderno über Maclino, Vigole und Sanico nach San Martino und dann wieder nach Maderno zurück, 1,30-2 Std. Nach Gaino, 301 m, auf einer Fahrstraße von Toscolano, dabei kommt man an der malerischen Wallfahrtskirche Madonna di Gaino vorbei, 1 Std. Von dort kann man hoch über dem See durch die Hänge des Monte Castello gemütlich nach Navazzo (s. Gargnano) wandern, 2 Std. Diese Wanderung ist besonders am Nachmittag schön, da das gegenüberliegende Ufer in der Sonne liegt. Nach Messaga auf einer Fahrstraße von Toscolano, 50 Min. In einer weiteren Stunde von dort auf einem ebenen Weg nach Bogliaco. Auf den Monte Lavino, 907 m, über San Martino und Sanico und durch das obere Valle di Vesegna auf den Gipfel, von dem aus man einen weiten Ausblick hat, 2,30 Std. (leicht). Auf den Monte Pizzocolo, 1582 m, großartiger Aussichtsberg; von Toscolano erreicht man die Fraktion Gaino, dann weiter durch das Valle delle Camerate bis zur Brücke (7 km, auch mit Auto); von dort durch das Campigliotal auf den Spinopaß, dort eine Abzweigung. Nach links geht es auf den Monte Pizzocolo, 1582 m, nach rechts erreicht man die Spinohütte. Von Maderno kann man den Monte Pizzocolo erreichen, in dem man der Straße nach Maclino, Vigole, Sanico (auch mit Auto) folgt; von hier folgt man dann den Hinweistafeln auf den Gipfel, ca. 4 Std.

TREMOSINE

Gde. (C 2), Prov. Brescia, Einw.: 1.861, Höhe: 65/1976 m, Postltz.: I-25010. Au**skunft**: Pro Loco (Verkehrsverein), Pieve di Tremosine. **Bahnstation**: Desenzano (52 km). **Busverbindungen** mit Desenzano, Brescia, Mailand.

Von Limone (13 km) oder von Campione (6 km) führen reizvolle Panoramastraßen auf die Hochfläche von Tremosine, über die die siebzehn Weiler verstreut liegen, die die Gemeinde Tremosine bilden, und von wo aus sich herrliche Ausblicke auf den Gardasee eröffnen. Die Gegend, die - wie zahlreiche Funde bezeugen - schon zur Römerzeit besiedelt war, ist heute eine vielbesuchte Sommerfrische und ein beliebtes Ausflugsziel. Nahe der Kirche von Voltino wurde eine Tafel mit einer latenisch-etruskischen Inschrift gefunden, die das bedeutendste Zeugnis von der Anwesenheit der Etrusker am See darstellt. Tremosine und sein Gebiet gehören ebenfalls zum „Parco dell'Alto Garda Bresciano", der 1989 errichtet wurde.

Sehenswert im Ort und in der Umgebung
Die **Pfarrkirche** in Pieve, einer der 17 Weiler, die im 12. Jh. errichtet, aber Mitte des 17. Jh. umgebaut wurde und von deren ursprünglichem Bau nur der Kirchturm mit mittelalterlichen Reliefs aus dem 8. Jh. erhalten ist. Im Inneren Fresko des 16. Jh. in der Kuppel und Holzschnitzarbeiten aus dem 18. Jh. In der Umfriedungsmauer des Kirchhofes ist ein Totenschrein aus dem 3. Jh. eingelassen.

Spazierwege und Bergtouren
Eine schöne und bequeme Wanderung von 13 km Länge führt rund um die Hochfläche von Tremosine: von Pieve mit Ausblicken auf den Gardasee nach Pregasio, von dort hoch über dem Campione-Bach nach Polzone und weiter nach Vesio, eine reizvolle Sommerfrische, von wo aus der Weg mit Einblicken in die wilde und düstere Klamm des Brasabachs wieder nach Pieve zurückführt. Nach Campione am Seeufer, im Abstieg, 1,15 Std. von Pregasio. Auf den Monte Caplone, 1976 m, den höchsten Gipfel der Brescianer Voralpen zwischen Idro- und Gardasee. Von Vesio über Polzone nach San Michele (5 km, auch mit Auto); von dort auf einer alten Militärstraße auf den Kamm des Monte di Mezzo und über die Malga di Lorina und die Bocca di Lorina auf den Gipfel, von San Michele 3,30-4 Std. (mittel). Auf den Tremalzopaß, 1694 m, von S. Michele aus (siehe oben), über den Kamm des Monte di Mezzo, dann nach rechts über den Passo di Cocca, 1461 m, und zum Ziel (s. Storo), 3,30 Std.

Im Trentiner Teil des Gardasees wurde ein strenges Schiffahrtsverbot für alle Boote oder Motorboote eingeführt. Auf der übrigen Wasserfläche besteht eine Gebotsgrenze - 500 m vom Ufer - wo ebensfalls dasselbe Verbot besteht.